小田イ輔実話怪談自選集
魔穴

小田イ輔

竹書房
怪談
文庫

まえがき

　この本は、二〇一三年から二〇一七年にかけて刊行された私の著作より、個人的に印象深かったお話を選り抜き、数編の書き下ろしと共にまとめたものです。デビューから六年経った今読み返すと、表現として気になる部分も多々あり、ものによっては大幅な修正を加えてあります。

　収録されているお話の傾向といたしましては、どちらかと言えば地味で、静かな内容のものが多くなりました。

　もっとも、私の書いてきた怪談は地味なものばかりなので、その中から選んだ結果が派手になるわけもなく、まぁいつも通りといったところ。

　ですので、心臓が止まるような思いがしたい、夜中に便所に行けなくなりたい、といったご要望にはお応えしかねますが、何だか妙な話が読みたい、怖いのはダメだけど面白い怪談は好き、といった皆様には、ある程度楽しんで頂けるのではないかと、小声で自負を表明させて頂きます。

　単なる怪談好きの馬の骨が、方々を走り回って収集したお話を、下手くそなりに心を込めて書き貯めたものの上澄みが本書です。

新作ならまだしも、私のようなものが過去作の選集など本当に恐縮ですが、竹書房様のご厚意に与りまして、このような運びとなった次第。

思えば、最初の原稿依頼を頂いたのは、弟の火葬があった日でした。怪談書きの始まりとしては、いささか出来過ぎたタイミングに驚きつつも、死んでしまった弟によって背中を押されたような気にもなり、この世界に足を踏み入れたのです。

あれから六年、多くの人とお会いし、様々なお話を伺ってきました。

私がこうして怪談を書き続けていられるのも、気前よく自身の体験談を提供して下さる方々あってのこと、そして、読者の皆様の応援のおかげです。

普段は、自分の力量の低さに気が滅入るため、過去作を読み返したりすることはないのですが、この度は加筆修正を行うために何度もそれを行いました。

その一編一編に、あの日、あの時、私にお話を託して下さったお一人お一人の顔が透けて見え、懐かしさと共に、感謝の念を覚えました。

話者の皆様、読者の皆様、本当にありがとうございます。

拙筆ながら、力を尽くしました。

少しでも楽しんで頂ければ幸いです。

目次

なんなんですかね？

その日、Sちゃんは地方の高速バスターミナルにいた。

一人で旅行に出た帰り、自分が乗るバスの出発時刻までは、しばらく時間がある。

楽しかった数日間の余韻に浸りつつ、ぼんやりと待合室のソファーに座っていたところ、彼女の真正面に妙齢の女性が腰かけた。

おや？　なんだろう、妙な違和感を覚え、Sちゃんはその対面の女性の様子を窺う。

自信ありげな顔つき、すらりとした肢体、同性の自分から見ても惚れ惚れするような美人だが、なぜか全身がぐっしょりと濡れているように感じる。

実際に「濡れている」わけではない、あくまでそう感じるというだけ。

これまで生きてきた中でこんな人を見たことは無い、そもそも、どうしてそんなことを感じるのだろう？

自分の感覚に戸惑いを覚えつつ、しかしそれ故にどうも気になってしまう。

まじまじと見つめては失礼だと思い、チラチラとさりげなく視線を送って観察していると、不意に、その女性が声をかけてきた。

「あなた、見える人？」というその言葉に、Sちゃんは更に困惑する。

何を尋ねられているのかわからない。チラ見していたのに気付いて因縁をつけるつもりなのだろうか？　言葉を返せないまま、困った顔を彼女に向けた。

すると女性は「あなた、多分見える人よね？」と再び同じ言葉を投げかけてくる。

どういうことだろう、確かに目が悪いわけではないが……。

曖昧に首を傾げたSちゃんに、相手は困ったような顔で「自覚ないのね」と言う。

水浸しのような女が妙な質問を投げかけてきたと思ったら、なぜか呆れられた、どうにも解釈のしようが無い状況に、混迷は深まるばかり。

もしや、幽霊やそういったものを感じ取る能力のことを言っているのだろうか？　まさかと思いつつ、そんな理解をするのが精一杯だ。

目の前の女に何か返事をしたとたん、急に掻き消えてしまったりしないだろうな、などと、ありえないことを考えるSちゃんに向かって、女は笑いながら「ごめんね、急に言われても困っちゃうよね」と席を立った。

つられて視線を上げると、目の前には、さっきまで話していた女性とは似ても似つかない小太りの中年女性がいた。

呆気にとられて言葉も発せないままポカンと口を開けているSちゃんに、その小太りの女性は、ひらひらと手を振り、表にやってきたバスに向かって歩いて行く。

慌てて周囲を見回したものの、今さっきの出来事に気付いた様子の人はいない。

夢だろうか？　いや、一般的でないだけで、こういうこともあるのだろうか？


楽しかった旅行の思い出は、その一件で全て吹き飛ばされてしまったという。

「タヌキかなにかですかね？」

話の終わり、そう問いかけてきたSちゃんに「たぶん、そうなんじゃないかな」と返したが、どうなんだろうか。

滑り台にて

J君とR君の兄弟が幼い頃に住んでいた市営住宅は、小高い丘の上にあった。

「平屋が連なる住宅の端っこに公園があって、その公園の滑り台の上からは、ちょうど街の中心部につながるバイパス道路が見えるんだよ」

J君は学校が終わると弟のR君と連れ立ってその公園へ行き、滑り台に上ってバイパスを見下ろすことを日課にしていた。

「街の工場に勤めていた母親が、夕方五時前ぐらいに、その道を歩いて帰って来るんだ。俺たちは滑り台からその姿を確認した後で、バイパスの入り口まで走って行って母さんを迎える。母子家庭だったから親が帰ってくるのが待ち遠しくて」

駆けつけた兄弟の頭を母親は優しくなでてくれた。

「ただ、ちょっと変なルールみたいなのがあってね」

いつもの時間に滑り台に登り、兄弟並んでバイパスを見下ろしていると、やがて母親らしき人影が見えてくる。バイパスを歩いて帰ってくる人間は殆どいなかったため、その時間に歩いてくるのは、ほぼ母親で間違いなかった。

「だけど、歩いて来る母さんを見ながら、弟が時々『あれは違うお母さん』って言うんだよ。俺からみると、どう考えても自分の母親に思えるんだけど、弟は『あれは違うお母さんだから行っちゃダメ』って言う」

疑問に思ったJ君が一人でバイパスに駆けつけると、確かに母親の姿はない。それどころかさっきまで見えていた〝母親らしき人〟すらいない。

「何回かそういう事が続いたせいで、俺もそのうち納得するようになった」

その後も、毎日のように二人でバイパスを見下ろしていた。

いつしかJ君も〝本当のお母さん〟と〝違うお母さん〟をある程度見分けられるようになってきていた。

「あれは違うお母さんでしょ？」

「うん、あれは違うお母さん」

そんなやり取りを、何度か弟とした事を覚えているそうだ。

「『違うお母さん』の場合だと、あんまりハッキリ見えないんだよね。もっとも、離れたところから肉眼で観察しているわけだから、本物であってもハッキリしないんだけど、なんていうか『雰囲気だけが歩いてくる』みたいな感じがあったよ。そういう時は『違うお母さんでしょ？』って弟に訊くんだ」

弟は「うん」と頷き〝本当のお母さん〟が見えればJ君よりも先に駆け出していく。


ある日の夕方。

滑り台の上、二人でバイパスを見下ろしていると人影が見えた。

「俺は『本当のお母さん』だと思ったから迎えに行こうとしたわけ。そしたら弟が『あれは違うお母さんだよ！』って言い張るの。その頃には俺も自分の判断に自信を持てていたから、それを確かめるために弟を置いてバイパスまで走って行ったんだ」

ドキドキしながらバイパスに駆け込んだところ、母親が歩いてくる姿が見えた。

「ほらな！って、母さんと手を繋いで家に帰った」

先に戻ったのか、家でテレビを見ていた弟に「本当のお母さんだったぞ！」と自慢気に迫るJ君。

すると弟は何の事なのかわからないような顔をして、母親に抱きつこうとする。

「素直に負けを認めない様子が癪に触ってさ『おまえ、違うお母さんだって言ったでしょ！』って弟を突き飛ばしたんだ、調子よく抱きつこうとしてんなよって」

泣き出す弟、そこに蹴りを見舞う兄。

子供たちが、どうしてケンカを始めたのかわからない母親は、二人を諭して事と次第を語らせた。

「そしたら弟が『そんな事言ってない』って言うんだよね。そもそも滑り台からバイパスなんて見てないし、自分は誰々と遊んでたって言い張るんだ」

一緒に遊んでいたらしい誰々は二軒隣に住んでいる、常より親同士も仲が良いので、J君は弟の嘘を暴くため、夕飯時であることも省みず家を訪ね、その旨を質した。

「弟と遊んでたって言うんだよ、そこん家の母ちゃんも、さっきまでRが居たよって」

しかも彼らの話では、弟はこれまでも学校から帰ってくると、日課のごとくその友達の家で一緒に遊んでいたという。

「じゃあ、俺と一緒にバイパス眺めてた弟は誰だったんだよって話になるよね」

家に戻ったJ君は母親に「今日は違ったけど、いつもRと一緒に迎えに行ってたよね？」と問うてみた。

すると母親は「いつも二人で迎えに来ていたじゃない」と言う。

それを聞いたJ君は頭を抱え、弟を呼んで詰問した。

「でもやっぱり弟は、『お母さんを迎えに行ったことはない』って言うんだ。明らかにおかしいんだけど、その話は二軒隣の友達とその親がしっかりアリバイを握ってるわけで……」

その後、この話は家庭内で曖昧に処理され、J君は滑り台からの観察を止めた。

以上を振り返ってJ君は言う。

「今になって考えてみると、つまりあの頃『一緒に滑り台に登っていた弟』はどこかにいなくなってるわけなんだよね。じゃあ、逆に考えた場合、今の俺の母親は本当に『本当のお母さん』なんだろうか?」

飛ばす能力

Sさんは幼い頃、自転車に乗ることができなかった。

「どうしても乗れなかったのよ、補助輪付きの自転車ですら上手く漕ぎ出せなくって、何度も転んでた」

周りの子供たちが当たり前のように乗りこなしている姿を遠目に見ながら、いつも一人だったという。

「男の子たちは、みんな自転車で遊びに行くから、それについていけない私は一人でいるしかなかったんだよ、近所に同い年ぐらいの女の子もいなかったし」

だからといって、家の中で一人遊びをしていたわけでもないそうだ。

「お絵かきとか人形とかママゴト、色んな遊び道具が家にはあったんだけど、そういうのを面白いと思った事がなくって…… だから大抵は縁側なんかでボーっとしてたんだ」

常に一人でぼんやりしている娘を心配してか、両親は様々なものを買い与えたが、彼女がそれらに興味を示すことはなかった。結果、発達の遅れを心配され、病院のような所へ何度も連れて行かれたのを覚えていると語る。

「何が不満っていうわけでもなかったんだと思うの。自転車に乗れないのは仕方ないと諦めていたし……かといって、押し付けられた遊び道具で楽しむっていう気にもなれなくて、結果的にボーっとしているしかなかったっていう」

そんな彼女が唯一楽しめた遊びが〝ビニール袋を飛ばすこと〟だった。

「縁側からボーっと外を眺めていると『今日は飛ばせそうだ』っていう日があってね。すごくよく晴れてて、色んなものがキラキラしている日なの」

そんな日に、台所からスーパーのビニール袋を一枚持ち出し、家の裏にある田圃のあぜ道に向かう。

ビニール袋を両手ではためかせるような仕草をすると、それがフワっと手から離れ、青空に舞い上がっていく。

「もうね、すごい満足感。私はこれだけやってればいいんだなって、本気でそう思っていたぐらい気持ちいいの」

青空を背景にぽっかりと浮かぶビニールの袋は、ゆっくりと泳ぐように滞空し、いつの間にかどこかへ飛んで行ってしまう。

「それをずっと眺めてるんだよね、嬉しくって」

小学校にあがってからも、しばらくの間そうやってビニール袋を飛ばして悦に入っていたSさんだったが、三年生の時に初めての友達ができた。

「大きな街から引っ越してきた転校生で、すごく活発な娘。Mちゃんって言うんだけど、なんでか私を気に入ったみたいでとても仲良くしてくれて」

Sさんにとって初めての友達。しかし何よりもそれを喜んだのは両親だった。

「家でMちゃんの話をしたらお父さんが泣いて喜んで、よっぽど心配だったんだろうね」

家が学区の外れにあったことから、休日には両親が送り迎えをしてまでMちゃんと一緒に居させてくれた。家族ぐるみの付き合いである。

ある日、Sさんが家でMちゃんと一緒に遊んでいると外がキラキラしている。

「これは飛ばせる！　って思って、Mちゃんにも見て欲しくていつもの場所まで一緒に行ったの」

あぜ道で、ビニール袋を広げた。

しかしいつもなら元気にはためくビニール袋が、さっぱりはためかない。

——これ飛ぶんだよ！

——本当に飛ぶんだよ！

そう言ってビニールを何度も掲げるうちにSさんはとうとう泣き出してしまった。

その様子を見ていたMちゃんは、Sさんが握っているビニール袋を撫でるようにしながら「ぐったりしているね」と言った。

「その言葉が強烈に印象に残って……。『ぐったりしている』なんて言葉を当時の私は知らなかったんだけど、本当に『ああ、ぐったりしている』って。言葉の意味が頭に染み込んでくるような感じ」

以来、Sさんはビニール袋を飛ばす事ができなくなった。

「ビニール袋を持っても『ぐったり』っていう言葉が頭に出てきちゃってダメ。すごくショックで、そのせいか体調まで悪くなって……」

Sさんは高熱を出して寝込んでしまい、入院した小児病棟のベッドの上で夢を見た。

「Mちゃんが出てきて、二人でビニール袋を土に埋める夢。ワンワン泣いてる私の横でMちゃんが『いろんなものが生えるといいね』ってビニールに土をかけてるの」

やがて元気になったSさんは、病院を退院して程なく自転車に乗れるようになった。

Mちゃんとは今でも親友同士だという。

保育所にて

その保育所では、お昼寝の前に園児たちへの読み聞かせを行っていた。

折しも季節は夏、お話が終わっても、薄着で騒ぐ園児たちが寝付く様子はない。

保母のAさんはそんな園児たちの様子を窺いつつ、タイミングを見計らって「怖いお話を聴きたい人！」と、勢いよく右手を挙げてみせた。

それにつられるように、ハイ！　ハイ！　と手を挙げ、駆け寄って来る園児たち。

彼女の「怖い話」は、いつも彼等に大人気だった。

「怖い話って言っても、アンタが集めてるような薄気味悪い話じゃなくて、もっともっと可愛げのある話だよ、遊んだ後に手を洗わないと小さいお化けが手を舐めにくるとか、そんな内容を身振り手振りで盛り上げるみたいな」

Aさんの怖い話に、園児たちは真剣な表情で耳を傾ける。

中には目をつぶって耳を塞いでいる子もちらほら。

「あんまり怖がらせると子供によっては大きなストレスになるから、最後は笑っておしまいになるように、即興であっても落ちのアタリはつけて話すんだけど……」

その日は思いのほか興が乗ってしまい、自分自身も鳥肌が立つような一席をぶってしまったのだという。

「全然笑えなくって、まるでこの保育園に怪物がいるみたいな話をしちゃったの。やっちゃったと思いつつ、どう笑える落ちを付けるか考えていたら——」

突然、教室の引き戸が音を立てて全開になった。

園児はAさんの周りに集まっているので、彼らによるイタズラではない。

「同僚がそんな悪ふざけをするはずないし、なんだろうって」

確認すると他の組は既にお昼寝の真っ最中であり、園の廊下は静まり返っていた。

「ええ？　って思ったけれど、私が不安がると子供達も怖がっちゃうから」

話の腰は折られたままだが、これ以上続けても良い方には転ばないだろう、おどけるようにして「さあ寝るよー」と子供たちを布団に入れていった。

「後からもう一度確認しても、やっぱり誰もそんなことしてないって言うし、園長先生には怒られるしでね」

子供が怯えて保育園に来るのを嫌がることにでもなったら、失職すら有り得る状況である。Aさんは翌日以降、これまでよりも注意深く園児らを観察し、変わった様子が見られた場合、すぐさまフォローできるように心がけた。

「まあ、幸いなことに懸念していたような事にはならなかったんだけど……」

子供たちの会話の内容に細かく聞き耳を立てていると、どうも気になる事があった。

「頻繁に『あの人』っていう言葉が聞えてくるのね。でもそれを発言した子にそれとなく探りを入れても、まったく要領を得なくて」

それともう一つ、保育所の建物の端に併設されている物置を、なぜか子供たちが避けているようにも感じた。

「砂遊び用のシャベルやバケツなんかが入っているから、これまでならこぞって中に入って行ってたのが、そうじゃなくなっているような気がして。保育士が同伴している時でも、怯えたような素振りをする子がいたり、中には物置の前で鼻をつまんで、息を止めてから入ったりする子もいて」

もしこの状況が続くようなら、園長に報告を上げなければならないなと覚悟した。

それから数日後。

「園児の一人が物置の中で転んで怪我をしたの。傷自体はそんなに大きくなかったんだけど頭だったから、かなりの出血があって」

事故現場の確認のため、負傷した子供をベテランの保育士に預け物置に向かうと、中に数人の園児がいた。

「あれ？　この子たち……って思ったのね」

その中には、あからさまに物置に入ることを嫌がっていた子や、例の息を止めて中に入っていた子もいた。

「平気なのかしらって、それとも単に私の思い過ごしだったのかと」

怪訝な心持ちで物置に足を踏み入れたAさんに、話し声が聞こえてきた。

「居なくなったね」

「良かったね」

子供たちは、口々にそんなことを言い合っている。

本来ならば、すぐにでも事故の現場から彼らを離さなければならないのだが、その場の異様な雰囲気にのまれ、Aさんは思わず「何がいなくなったの？」と、問いかけた。

子供たちはキョトンとした顔を彼女に向け、次々に声をあげる。

「あの人」

「黒い人」

何の事かわからず戸惑っていると、そのうちの一人が「血が見れたからもういいんだって」と言った。

「きっと、何モノかを見てたんだと思うの、何だか言い訳じみた話になるんだけど、あの日、私の話に興が乗ったのも、突然引き戸が全開になったのも、多分、偶然ではなかったのかなって思うんだ」

つまり、物置にいた「何モノか」がそうさせたということだろうか？

「わかんない、もしかしたら私が呼んじゃったのかなと考えたりもしたよ。こうやって思い出していても、どうしてあの時、あんな話が自分の口から出たのか、正直不思議だもの……でも、そんなこと確認のしようもないじゃない？　だから、それ以上考えないことにしたんだ、無かったことにしようって」

その後は何事も無く、園児たちは無事に卒園していったが、その出来事から今に至るまで、Aさんは保育園で怖い話をしたことはないそうだ。

御祀り

七月二日　家鳴りがする。
七月三日　風呂場に光る球が落ちる。
七月六日　居間に光る球が落ちる、家鳴りひどい。
七月十日　夜間、牛の鳴き声が寝室にひびく。
七月十三日　居間とキッチンに光の球、牛の鳴き声する。
七月十六日　光の球多数。家鳴り。

これは、Gさんが記録した自宅での怪異の一部である。

数年前、新築した自宅に住み始めた彼は、自身の妻及び子供とこれらの怪異に遭遇している。

話は、自宅を建てた土地の購入段階にまで遡《さかのぼ》る。

好立地であるにもかかわらず同一市内の他の土地よりも値段が手頃で、坪数も申し分なかった事から、不動産屋に購入の希望を伝えたところ「直接、土地の持ち主と話をしてみて下さい、購入するかどうかはその後に決めて頂ければ」と、妙なことを言われた。

Gさんは幾分不審に思ったが、どう考えても買い得な物件である、早く話をまとめてしまいたかったため、すぐに地主のもとを訪ねた。

地域の顔役のような立場であるという地主の老人は、土地の購入を希望するGさんを値踏みするように見つめると、以下のようなことを語った。

「あの土地は、あまり良い土地ではなく、本当は売って良いものかどうか悩んでいる。ただ、不況のご時勢、宅地をそのまま遊ばせておくと税金などで大金を取られてしまうので、本音としてはすぐにでも売り払いたい」

〝良い土地ではない〟とはどういう意味なのか？　Gさんは問うた。

「あそこには元々、自分が立てた一戸建ての貸家が立っていた。しかし、入居する者が半年と居ついた事はなく、話を訊いてみると口々に〝この家は祟られていますよ〟というような話をされる。実際に自分が何日か暮らしてみたが確かに妙な事が続発し、気味が悪いので取り壊して宅地に戻した」

〝妙な事〟とは？　Gさんは更に問う。

「幽霊というか、そういうような意味で捉えてもらって構わない。それがなければ土地そのものは非常に優秀な物件であると思っている」

Gさんはそもそも幽霊や心霊現象といったものを全く信じておらず、以上の話を聴いてむしろ好都合であると感じたという。

どう考えても非科学的な理由、その上での破格なら迷う理由などない。

すぐさま土地の購入を決めた。


そして次の年の六月、新築した家に引っ越したのだった。

住み着き始めて最初の数日は、何事もなく過ごした。

しかし一週間ほどたった頃、家の中がどうもおかしくなった。

誰も居ない部屋から人の気配がしたり、ピシピシと家が鳴る等。

妻や子供はそれらをあからさまに怖がり、Gさんに何度も泣きついたそうだ。

当初は一笑に付していたGさんだったが、彼もまた不思議なものを目にし始める。

それは、天井から床に向かって一直線に落ちる光球。

「こう、スッと落ちるんですね。ふとしたタイミングでそれが見えてしまって……」

一度や二度ではなく度々それを目撃し、他の怪異にも遭遇し始めた彼は震え上がった。

住み始めて数週間が過ぎた頃、仕方なく例の地主に相談に行った。

「先方は、お祓いだの何だのは効かないって言うんですね、そんなことはとっくにやってるんだって。それでも治まらないために元の賃貸は壊したんだから、と」

三十年ローンで建てた家である。そう簡単には引っ越せない。

ここに至って、Gさんは初めて自分の迂闊《うかつ》さを悔いた。

「だったらどうすればいいですか？　と食い下がったんですよ。妻も子供もすっかり怯えちゃってたから、あのまま行けば離婚だってあり得たと思います」


——もし怪異がなくなったら、アンタあそこにずっと住むかい？


地主はGさんを睨み付けるようにしてそう言った。

「もちろんですよ！　って。あんな現象さえ起きなければ場所も家も何の問題もないんですから」

すると地主は「一ヶ月だけ待っていなさい」とGさんに告げた。

一ヶ月後に何をするのか、その時点では不明だったが、なんとかなるような口ぶりに

Gさんは安堵した。しかし、あと一ヶ月は我慢の日々が続く。

「毎日ってわけじゃなかったので、覚悟さえ決めてしまえば一ヶ月ぐらいなら耐えられるかなと。妻と娘達にもそう話しました、もう少し頑張ろうって」

季節は丁度、七月に入ったところ。

もしかすると地主の紹介で第三者が介入してくるかもしれないと考え、その日から家に起こった怪異の記録も始めた。その一部が冒頭の箇条書きである。

目立った怪異は「光球の目撃」「牛の声」「家鳴り」の三つ。

記録には、それらが繰り返し書き込まれていた。

「家鳴りと光の球はある程度慣れることが出来たんですけど、牛の声に関しては最後まで慣れませんでした。夜中でも昼間でも、突然大きな声が響き渡るものでしたから……」

ほぼ一ヶ月が経った頃。

地主は数人の男を連れてくると、Gさん宅の裏庭に何かを作り始めた。

「大工さんだったんです。私はてっきり霊能者とかお坊さんだとかが来るのかと思っていたんですが……」

せっかくの記録も無駄になった、大工にそれを見せてどうなるものでもない。

そして数日後。

「小さな神社っていうか、そういうものが建ちました」

地主は、どこから持ってきたのかその中に両腕で抱えるほどの石を安置し、Ｇさんに向かってこう言った。


――このお宮を家族皆でお祀りしなさい。


「それでもう妙な事は起きないだろうからって」

事実、それ以後、怪異はぴたりと止んだ。

しかし――。


「おかしいと思いませんか？　だったら何故、自分たちでそれをやらなかったのか。彼はこの方法を知っていたわけですから……。最近、なんとなく嵌《は》められたような気がしているんですよ」

地主の老人とは現在もよく顔を合せ、地域の活動を共にしたりしているそうだが、彼がその〝お宮〟をお参りしたことは一度もないとのこと。

「妙な現象は起きなくなったし、祀るっていっても毎週綺麗に掃除して、日本酒を供えるぐらいのものですから負担に感じることはないんですけどね……」

ただ、もうこの土地を離れることはできない気がする、とGさんは言った。

汚布

勤務中の事故でな、鉄板が垂直に向こう脛《ずね》へ落っこちたわけ。

骨が飛び出てたらしく、救急車で運ばれた後、入院して手術したんだ。

そんでまぁ、リハビリって段になったんだが、足の感覚が痺れたようになっていて、うまく歩けねえんだ。

そうなっとさ、歩くたびに自分の置かれた状況を嫌でも思い知らされるから、イライラすんのよ、何で俺がこんな目に遭わなきゃならねえんだって、気持ちも折れ加減でね。

結局リハビリの担当者と揉めちまって、早めに退院した後は病院そっちのけで朝から晩までパチンコ屋に通ってた。

労災だったからとりあえず金の心配は無かったし、職場からも「良くなるまで養生しとけ」って言われたけどさ、周りの職人ともだいぶ話せるようになって、仕事が楽しくなってきた矢先にそれだろ。

「養生しとけ」なんて言葉も、裏返せば俺なんか居ても居なくてもいいって意味に取れちゃってね、どうにも腐っちまった。

三ヶ月たっても足の感覚は一向に戻らない。それでも医者は「治ってるはずなんですがねえ」なんて言うし、ホント腹立たしかったな。

いつになったら職場復帰できるのか、できたとしてマトモに仕事をこなせるのか、考えれば考えるほどドツボ。夜も寝つけないし、眠りも浅くなった。

そのせいで生活のバランスを崩したのか、ろくにゴミ出しもしなくなってゴミが部屋に溜まる一方でな、洗濯もせずに着のみ着のままだし、しまいにはゴミの中にベッドが置いてあるみたいなさ、酷いもんだったよ。それがその時は気にもならなかったんだから……環境が人を作るなんて言うけど、アレ当たってるよ。

そんな感じでダラダラやってたわけだけど、暇でしょ？　時間ばっかりあるからよ。気分転換っつうのか、仕方ねえからリハビリも兼ねたようなつもりで、朝方に家の周りを軽く散歩しはじめたんだ、人目に付くのが嫌だったからわざと早朝に。

それで何日目かの朝、散歩中、自分のアパート近くの道ばたにボロ切れみたいなのが結構落ちてるのに気付いた。そんなもんこれまでなら気にも留めないんだけど、なぜか妙に腹が立ってさ、それを集めてゴミの集積所に放りこんだんだよ。だったら自分の部屋を掃除しろって、今なら思うけどども。

ところが、次の日にボロ切れがまた表に落ちてるんだな、次の日もその次の日も。

ふざけんなよって、ムキになって拾っては捨てをしばらく続けた。

毎朝毎朝そんな事やってたんだけど、これがいつまでもキリがねえのよ。

なぜか朝んなるとボロ切れが近所に散らばってんだ。

そんである日、犯人見つけてやろうと思って、日も昇らないうちから待ち伏せをしたんだわ、その時間帯にはまだボロ切れはどこにもないのを確認してな。

アパートの敷地と道路の間にコンクリの塀があったから、暇に飽かして、その隙間から何時間も道路を見張ってたんだが、そんな時に限って犯人は現れない。

クソが、と思って部屋に戻ろうとしたら、振り返ったアパートの敷地の中にな、あったんだよ、例のボロ切れ。

しかも道路に落ちていたものより、更に汚ねえのがよ。

何に使ったんだか知らねえけど、紫や茶色に滲んでんのだの、ピラピラんなってんのだのが、いつの間にか無造作に置いてあるわけ。

ビビッたよね、そんなもん捨ててるヤツがいたら、絶対に気づく位置に居たんだもの。

仮にアパートの住人がやってたとしても、見逃すわけがないんだよ。

考えても仕方ないからいつも通りビニール袋に入れて捨てたんだけどな。

ああ、その辺の感覚もおかしくなってたのは自覚してる。

本来なら考えても仕方ねえわけねえんだけどよ、明らかにおかしいんだからさ。

まあ、夜中のうちから外に出て、近所の様子窺うような状態だったわけでね、今思えば正気じゃなかったんだろうな。


それで、そのあとくらいからだよ。

ボロ布がアパートの敷地の中に工夫を凝らされて出現するようになったのは。

地面に半ば埋まってて、筍《たけのこ》でも掘るみたいに引っこ抜かなきゃいけなかったり、階段の手すりにだらしなくぶら下がっていたり。勢いよく引っ張ったらフケみたいな粉がぶわっと舞ったり、もう最悪だよ。

周りの住人が気づいてもよさそうなもんだけど、不思議とそんな様子は微塵もなかった。俺が朝イチで片づけてたから気づき難かったのか知れないけど、それにしたって毎日そんなのが散らばっていたら、誰ひとり気がつかねぇのはさすがにオカシイだろ。

なんか妙な事に巻きこまれているんじゃねえか。

そう思いはじめた頃だった。

ある朝ドアを開けようとしたら、何か引っかかってるみたいに開かねえんだ。

なんだと思ってドアをガタガタやってたらさ、足元にあんだよ、ボロ切れが。

ちょうどドアと通路の隙間へ挟まるように、水吸ってベッタベタになったのが。

アレ？　俺がターゲット？　って、その時初めて思ったな。

でも、こっちも足は治らねえわ夜は寝れねえわ、散財しまくって金はねえわで、半分自殺しようって思ってたところにそんな嫌がらせだろ？

ヤケクソになって、ボロ切れ拾うとビニール袋に包んで家の中に放ったんだよ。

集積所まで持っていくのもめんどくせえってさ。

どうせゴミ部屋なんだしお仲間お仲間って。

ゴミみてえな人間の所にはこうやってゴミが集まってくるのかもな、なんて、自虐に酔ってる状態。

それからはもう散歩も止めて、外出は飯買いにコンビニへ行くときぐらい。

あとは家で寝てる事が多くなってた。

道端でボロ切れ見かけたところで不思議と腹も立たなくなって……。

そんな、ダメ人間を極めたような日々を過ごしてたんだけどさ。

どっかのタイミングで、ふと気づいたんだよ。

部屋に、明らかに自分が出したものじゃないゴミがあるんだ。ビニール袋に包まれててさ、開けてみるとババアが着るようなシャツだの女物のパンツだのが入ってる。もともとゴミ部屋だからロケーションとしては違和感ないんだけど、さすがにそれ見たら固まっちゃって。

ほとんど部屋から出ないし、出るつっても近くのコンビニに行って十分もせずに戻ってくるだけだろ、鍵もかけてたから、部屋に投げこむ事すらできなかったはずなんだ。

一体どんな手口でこんなことやってんのか、いくら考えてもわかんねえ。

でも事実として得体の知れないゴミは目の前に存在しているワケでな。

誰かに侵入されてんのか？　って、そう考えると心細くなってさ、久しぶりに飲みに出たんだよ。

そんで二時過ぎだったかな。酔っ払って帰ってきて、一応部屋の中に異常がないかどうか確認した後で、そのまま布団へ倒れ込んだ。

酒飲んでたからすぐに意識がなくなったんだけれど、どうも足に濡れタオルが纏《まと》わりつくような感覚があって、朝方、ふいに目が覚めちまったんだ。

酔った頭で布団の中まさぐって、纏わりついてるのを中から引っ張り出したら、それが女物の下着でよ、血のついたやつ。

うわって叫んで飛び起きた、もちろん、心あたりなんて無いよ。

このままじゃヤバイことになるって、一気に恐怖感が湧き上がって、どういう心のアレだったのか、すぐに部屋を片づけはじめた。

カビたパンだの、汁に膜の張ったカップ麺の容器だのを掻き分け掻き分けゴミをまとめて……ようやく床が見えてきた頃だった。

ベッドの下から、ビニール袋に包まれた布の塊が出てきたんだよ。

またかよって、うんざりしながら開けたんだけれど、それがさ……。

事故のときに来ていた作業着だったんだ。

その作業着な、足の傷が酷いせいで脱がせられないからって、鋏を入れてズタズタに切られたはずなんだよ。どうしますかって聞かれたから、捨ててくれって言ったはずなんだよ。

しかも事故から半年近く経ってるのに、血が乾いてねえんだ。

普通なら相当薄気味悪く思うだろ。

でもな、何故か知らないんだけれど、胸にくるものがあって。

泣けてきてしょうがねえんだわ。

ああ、俺は何やってるんだって涙があふれちまってさ。

朝方の薄汚い部屋ん中で、目が覚めたみたいな気持ちになってよ。

その後は、真面目にリハビリにも取り組んで、思ってたよりも大分早く職場にも復帰できたよ。

あの頃は酷かったが、今じゃ逆に掃除マニアみたいになっちまってる。

ゴミなんて殆どない。あ、でも作業着だけは何度も何度も洗って、今でも大切にしているよ。

おお、そうだよ、気づいたか。さすがだねえ。

今日はわざわざ着てきたんだ、あんたが目にしてる俺の作業着が、それだよ。

ポックリ逝きたい

昭和五十年代のこと、Dさんが住んでいた村にあった地蔵の話。

それは、村の辻にあるお堂の中に入っており、通りすがりに軽く手を合わせたくなる、そんな存在だったという。

長らく村人の素朴な信仰を集めてきた地蔵は、ある時、いわれのないご利益があると広められ、村中の年寄りに押しかけられるようになった。

「まだガキだったから詳しくは知らねぇんだけど、どこかの婆さんが『そろそろポックリ逝きたい』って手を合わせたら本当にポックリ逝っちまったんだとか、そんな話だったらしい」

それを聞きつけた近所の老人が、一人、二人と手を合わせるうちに、しだいに村中にその噂が広まり、何のいわれも無く立っていた地蔵は、いわゆる「ポックリ地蔵」に生まれ変わった。

「あくまで村だけのローカルな話な。村の外から評判を聞きつけてとか、そういう広がりのある話ではねぇよ。地元のジジイとかババアが、冗談の延長で盛り上がっていたっていう感じだな」

しかし、冗談の割に、ポックリと逝く年寄りが次々に出た。

「皆で朝飯食ってたら、いつの間にかジジイがポックリ。畑に出てたババアがポックリ。まあ、死ぬような年代が揃っていたってことだろう」

地蔵の周りにはいつしか綺麗な飾りつけが施され、お供え物が絶えなくなる。

「年寄りの悪ふざけってのは、ガキのそれよりも性質が悪いってよく親父が言ってたよ。どこの誰々がポックリ逝ったっていうと、ありがてえって手を合わせるんだと。悪趣味な感じがするだろう?」

まだ子供だったDさんも、その地蔵の前で手を合わせていた。

「ポックリ地蔵になる前から、通りすがりには手を合わせてたよ。信心深いんだ俺は。でもな、ポックリ地蔵に〝なって〟からは『子供が手を合わせるもんじゃない』って怒られるんだ。どこまで本気で、どこまでが冗談なのか子供の俺にはわからなかった」

当時、Dさんとよく遊んでくれたEさんという若者がいた。

「十代の後半か、二十代前半ぐらいだったと思うんだ。村では数少ない若い兄ちゃんでさ、バイク見せてくれたり野球のコーチやってくれたりして子供には慕われてた」

Dさんは「地蔵に手を合わせたら咎められた」という話をEさんにしたのだそうだ。

「E兄ちゃんは『だったら俺が拝んでやるわ、年寄りどもも、俺が拝んでるのに文句は言わねぇだろ』って。派手なタイプだったからね、さすがの年寄り連中も引くんじゃねえかと。俺は敵討ちしてくれるみたいで嬉しかった」

近辺の子供と連れ立って地蔵に向かう。

「土曜日の夕方だったと思う。野球の練習が終わった後に皆で行ったんだ」

Eさんが地蔵に手を合わせる。

「『そのうちポックリ行かせてちょんまげ』とか何とか、ふざけたこと言っててさ、皆で笑ったんだ」

彼が事故死したのは次の日の未明だった。

「地蔵のお堂にバイクで突っ込んで即死だったそうだ。フルフェイスのヘルメット被ってて、首がポッキリ」

そして。

「地蔵も首がポックリ落ちてた。シャレにもなんねえよ」

その事故を期に、村のポックリ信仰は一気に下火になった。

「うちの親父達の世代が、年寄りどもを叱ったらしい。年長者が命を粗末にするような願掛けをしてたら、若い者に示しがつかねえだろって」

地蔵堂は、そのまま撤去され、地蔵は辻から消え去った。

「道路の拡張工事が予定されてて、近々その場所からは移動しなきゃならなかったって。ケチが付いちまったから、片付けちまうことにしたんだろうな」


ポックリ地蔵で事故ってポックリ、ついでに地蔵の首もポックリ。

「偶然なんだと思うよ。でもまあ、できすぎた偶然のうちで誰かが酷い目にあったりした場合、それを怪談って呼ぶのかも知れねぇな。だったらコレは怪談ってことでいいんじゃねぇの？　どう？」

「本当に、偶然なんでしょうか？」

「そんなのわからねえよ。でもさぁ、俺も四十を超えて最近思うんだけど、死にたくて死ぬ奴なんていねぇんじゃねえのかな。あの時の年寄り連中も、ポックリポックリと騒いでたけど、悪ふざけで誤魔化すしかねぇ程に死ぬことを意識してたのかもな。どうしようもねぇ自分たちの状況を真剣に茶化してたんだとすれば、あるいはあの信仰は、死にたくないの裏返しだったんだろう。そういうものを若い奴がからかうのは、まぁ、良くねえわな」
俺も死ぬときはポックリ逝きてぇな、とDさんは言った。

排水口の声

Y君がまだ小学校低学年だった頃の話。

「風呂に入るたびに、排水口の中から声が聞こえてきたんです」

浴室にある、丸い網目状の蓋が被せられた普通の排水口だった。

その中から、一家族住んでいるような、そんな声が聞こえて来ていたそうだ。

「『おはよ〜』とか『おやすみ〜』とか。あるいは食卓を囲んで適当な話題で盛り上がっている感じとか、そういう様子が聞こえてくるんですよ」

当時は父親や母親と風呂に入ることが多く「誰かいるよ！　何か話しているから聞いて！」とせがみ、風呂場で聞き耳を立てたりしていた。

「両親には聞こえていないようでした。『どこかの家の声が反響して聞こえてきているんだろう』ってわかったような解説をしてくれていましたけど『おはよ〜』って聞こえるんですよ？　風呂に入っているのは夜なのに……。反響して聞こえているのなら、それはおかしいでしょう？」

納得のいかないY君は、ある日、一人での風呂中、声が聞こえてくるのを待ち構え「お

〜い、だれかいるのか〜」と呼びかけてみたことがあるという。

「そしたら、それまで賑やかな雰囲気で喋っていたのが一瞬止まって、後からドッと笑い声が聞こえて来たんです」

ゲラゲラと、まるでY君を嘲笑するような笑いだったため、頭にきたY君は排水口に熱湯を流し込んだ。

すると笑い声は更に大きくなり、笑いすぎて咳き込む声まで聞こえる始末。

「腹を抱えて笑っているようでした。もう爆笑されていましたね。これだったら親にも聞こえるだろうと急いで呼んだんですけど、やっぱり何も聞こえないみたいで……。悲しかったです」


いつか正体をあばいてやろう、と風呂に入るたび忌々《いまいま》しく思っていたある日、排水口から「さよなら〜」「バイバ〜イ」など別れを告げる声が聞こえてきた。

「あ、これはアイツら引っ越す気だなと。何となく寂しい気がして、こっちからもバイバーイって、排水口に口を近づけて言ったんです。別れを惜しむじゃないですけど、ちょっと残念に思って」

排水口からはゲラゲラとひとしきり笑い声が聞こえ、やがて静まりかえった。

「ああ、行ってしまったな、引っ越しちゃったと思っていたら」

引っ越すことになったのはY君だった。

「その日の夜中ですよ。母親の不倫がバレて父親と大喧嘩したんです。明け方に俺は母方の実家に連れて行かれて、あとはそっちで暮らしました」

両親はその後離婚し、Y君はあの排水口のある家へそれ以降一度も行っていない。

「あの後で、きっと大笑いしていたでしょうね、ホント忌々しいっすわ」

なんらかの影響

「私の家の前、全部田んぼで、それが向かいの山まで続いているんです。広さですか？　学校の校庭を十はくっ付けたぐらいですかね、広いです。それで、その田んぼの上にビルが横倒しになったみたいなものが浮いているのを見た記憶があるんですよ。いつだったか……小学校か中学校の頃……だと思います」

知人から紹介された女性であった。

二十代の、若々しい雰囲気をまとっている。

「いや、それだけです。夕暮れで、空が赤くって、ビルが浮いていて、そういうものを見たってだけなんですが……面白くないですか？　普通ビルって浮いていませんよね？」

それだけだと、話として少し弱いかもしれない。

〝田んぼにビルが浮いていた〟と、一行で終わってしまう。

もう少し他に何かないかい？　別に怖い話じゃなくてもいいよ、日常の面白いできごととかでも。

「えー、じゃあ何年か前に、別なのも見ましたよ、その話しますか？」

ぜひぜひ、お願いします。

「会社の帰りに車で走っていたんですよ、バイパス。それでバイパスを照らす街灯ってオレンジ色じゃないですか？　そのオレンジの街灯の下で真っ赤な人が踊っていたんです。くるくるって、バレエダンサーみたいに」

それは面白い。それでどうなったの？

「いや、それだけです。気持ち悪いから素通りしました。全部赤いんですよ、あれは河童《かっぱ》でした」

河童？　何で？

「特に理由はないんですが、河童だったなと思ったんです。河童には見えないんですけど……面白くないですか？」

面白い、面白いけど話が短いね、どうしよう。

「えー、もう無いですよ……これじゃ奢ってもらえませんか？」

面白い話と引き換えに、値段の張る食事をご馳走するという約束だった。

食事の後、店を出た帰り道。

「さっきの話なんですけど、あのくるくる踊っていたっていう……あれ、やっぱりポストだったと思います」

道端にあるポストを見ながら彼女が言った。

「あのさ、田んぼにビルが浮いていたって話を始めたら注意して聞けよ。その話の後になると、彼女は何かナチュラルに混乱するんだよ。狂うまではいかないけどな。そのことに本人は気付いていないみたいでさ、面白いから誘ってみろ」

知人はそう言って、彼女を紹介してくれたのだった。

普段は物静かで、落ち着いた経理担当であるという。

雨を集めた日

H君の父方のお祖母《ばあ》さんは「まじない師」のような事をしていたらしい。

「小さな畑と祖父の遺族年金で暮らしている祖母でした。まじない師と言ってもそれを標榜して商売にしているとかいうわけではなくて、ご近所さんとか、友人知人の方々からその様に呼ばれていたって言うに過ぎないんですけどね。まあそういった人たちの妙な相談に乗って問題を落ち着ける役っていうんですかね、皆に慕われていた人ではあったと思います」

疳《かん》の虫を赤ちゃんの体から取り出す虫切りをしたり、その年の田植えの時期を占ってみたり、土地家屋にまつわるトラブルや、嫁姑間の諍いを治めたりなど、怪しい類の相談から一般的な人生相談のような事まで様々な問題に関わっていたという。

「時々、立派な車に乗ったお金持ち風の人や、近隣では聞いた事のない訛《なま》りの言葉を使う人たちなんかがやってきて、長く話し込んだりする事もありました。普段、虫切りをする時なんかは僕も近くで見せてもらったりしてたんですけど、そういう人たちが来ると奥の部屋に通して襖《ふすま》を閉め切ってしまうんです。そんな時に僕がその部屋に近づくと襖の奥からもの凄く怒られました」

両親が共働きだったこともあって、H君はよくお祖母さんの家へ泊りがけで遊びに行っていた。H一家とお祖母さんは同一市内とはいえ別々に暮らしており、両親はあまりお祖母さんの家へ近寄りたがらなかったそうだ。ただ彼が一人で遊びに行く分には咎めたりもしなかった。

H君が、小学校五年生だった頃。

秋も深まった時期、その日は雨が降っており、祖母の家へ一人で遊びに来ていた彼は手持ち無沙汰に、家の周囲をウロウロしていた。

「祖母の家はテレビゲームなんか無かったので、家の中に居ても退屈ですし。何か面白い事はないかなっていう調子で、表に回ったり裏に回ったりしながら遊んでたんですね」

庭に見慣れぬ車がやって来た。

祖母と同じぐらいの年齢の男女、その息子と思われる男が降りてきて、車の中に居るもう一人の若い女性を降ろそうと難儀している。

女性はぐったりと力ない様子で後部座席に座っており、中々降りてこようとしない。

すると祖母が慌てた様子で庭に駆け出してきて、後部座席に頭を突っ込むと何か唱え、彼女の頭を抱え込んで、他の三人に家の中に入るように促した。

さっきまで力なくしていた女性も、祖母に頭を抱えられたまま立ち上がって玄関へ向かった。それは警察署に連行される犯人のように見えた。

四人は奥の部屋に通され、襖が堅く閉じられる。

「また何か変なのが来たなって。その頃になると奥の部屋へ通される人たちは人生相談なんかをしに来る人たちとは違う、特殊な事情を持った人たちなんだろうという事が僕にもわかってました」

奥の部屋で何かが始まると、数時間は誰も外に出てこない。

「僕はお昼をどうしようかなとか、のんきな事を考えながら遊んでたんですが」

急に、どこからともなく女がすすり泣くような声が聞こえてきた。

「家の中からかなと思って、玄関から様子を窺っても、奥の部屋からはボソボソと何か喋る声が聞こえてくるだけで、女の泣き声なんて聞こえてきませんでした」

では、この声はどこから聞こえてくるんだろう？

不思議に思ったH君は家の周囲を何度もグルグルまわってみたが、声の出所は見つからなかった。

「別に怖い感じは無かったですね。祖母の家にいると、そういう事はよくあったので」

女のすすり泣きを気に留めつつ、家の周囲をグルグル歩き回っていた何度目かに、H君はふと面白い遊びを思いついたのだそうだ。

「昔はジュースとかビールとかを酒屋さんから運んでもらってたじゃないですか？　それで飲み終わったビンとかをケースに入れて持っていってもらうっていう。その日は家の裏に、そういったビンが入ったケースが積まれてたんですね」

来客が多い家だからなのか、祖母が一人で飲んだとは思えない程、大量のガラスビンがそこにあった。

「そのビンに雨どいを流れてくる雨を集めてみようって。今思えば何が面白くてそんな事を始めたのかわからないんですけど、夢中になってそれをやり始めたんです」

祖母宅の雨どいを流れる水は、家の四方にある排水パイプに流れ込み、その後に大きな側溝へ向かう。

H君は四方四ヶ所にある排水パイプから側溝へ水が流れ込む場所へ、持ち出したビンをセットし、そこに水が溜まるのを待った。

一方のビンに水が溜まってきているのを確認すると、他のビンの確認へ向かう。

それぞれを何度も監視しながら、家の周りをグルグルと回り続ける。

ケース二つ分のビンに雨水が溜まりきった頃、家の中からさっきの人たちが出てきた。ぐったりしていた若い女性は、すっかり調子を取り戻したようで、何度も祖母に頭を下げ、にこやかに車に乗り込んだ。それに続いて他の三人も、口々に祖母に礼を述べると深々とお辞儀をし、車から手を振りながら走り去っていく。

祖母は疲れたような表情をしていたが、H君を呼ぶと昼ご飯を食べようといい、電話で店屋物のソバを頼んで奥の部屋の片付けに向かった。

その昼食の時。

H君は届けてもらった天ぷらソバを祖母と食べながらテレビを見ていた。

突然、猛烈な吐き気が生じ、胃から何かが込み上げてくる。

座ったまま、ビチャビチャと吐瀉物を撒き散らす孫を見て、祖母は血相を変えるとH君の背中をさすりながら「何した！　H！　何した！」と慌てた。

大慌ての様子で声をかけてきた祖母だったが、H君が吐き出したものを見ると顔を歪め、その吐瀉物を手ですくって、臭いを嗅いだという。

「『うわ、ばあちゃん汚い』って思ったから、その瞬間はよく覚えてる」

祖母は顔を歪めたまま言った。

「H！　おめえ何した！　さっきまで何してた！」

答えたくても嘔吐感が強く、返答できない。

祖母はそのままH君を奥の部屋へ引きずって横にすると、何かボソボソと唱える。

奇妙な事にその瞬間から、不快感を残しつつも、嘔吐が止まった。

改めて祖母がH君に問う。

「H、さっきまで何をしてた？　まさか襖開けて中見なかったべな？」

H君は決して中を見ていないという事、雨水を集めていた事、女の泣き声が聞こえた事、を祖母に話した。

聞くや否や祖母は部屋の外に走り出した、家の裏からガラスビンが割れるような音がしばらく聞こえ、音が治まると今度は祖母が「ぐえええ、おうえええええ」とえづきながら部屋に戻ってくる。

「馬鹿な事した、H！　馬鹿な事したぞぁ」と呻《うめ》くように言った祖母は、フラつきながら部屋の襖を閉めた。

次に押入れを開け、中から何かを取り出す。

「祖父の遺影と、誰か知らない女の人の遺影サイズの写真だったと思います」

「だったと思う」とH君が述べるのには理由がある。

「髪型や何かから女の人だって事はわかったんですが、顔が……」

女性と思われる写真の顔が、何とも形容し難く歪んでいたのだ。

「それで、何でかわからないんですけど、ピンと来たんです。あの時の泣き声はこの女の人のものだったんだって」

祖母はそれらを向かい合わせるように祭壇に置くと、傍らに置かれた丼のような器に何度も唾を吐きながら、呪文のようなものを唱え始めた。

「まるで、誰かを酷く罵倒しているような口調で、聞き取れない何かを唱えていました」

その文言を聞きながら、H君はいつの間にか眠ってしまう。

そして、夢を見た。

「誰か知らない女の人が、僕が集めていた雨水の入ったビンを持っていて、その中の水を飲むように何度も勧めて来るんです、確かそんな夢でした」

H君は、夢の中で何度かその水を飲もうとするが、いざ口に入れようとすると何処からか怒鳴り声が聞こえ手を止める、ということを繰り返した。

目覚めると、枕元に父親がおり、祖母と何かを話し合っていた。

父と祖母が、こんなに話し込んでいる様子を彼はそれまで見たことが無かった。

父は起き上がったH君を見ると安堵したような顔つきで頭を撫で「忘れなさい」と言い、祖母に向かって深々と頭を下げた。

祖母は「やっぱあの人の孫だ、安心でぎねえ」と言うと、シッシッっと猫でも追い払うような仕草をした。

H君は父親におぶさり、そのまま祖母の家を出る。

「H、もう来んなよ」

祖母は静かにそう言うと、ピシャリと玄関を閉めた。


それから、H君が祖母の家へ遊びにいく事は無くなった。

両親からも近づかないようにと何度も念押しされていた。

しかし、中学に上がって、ある程度自分で物事が考えられるようになってから、どうしてもあの日の事が気になりはじめ、祖母の家へ向かった事があった。

父親に何度尋ねても「忘れなさい」と言うのみで埒が明かなかったせいもあったし、祖母がどうしているのか気になりもしていた。

懐かしい祖母の家。

玄関を開けると、既に目の前に祖母が座っており、開口一番――。

「じごぐにおぢでえのが！」と叫ばれた。

そのあまりの剣幕に一言も喋れず、逃げるように帰ってきたという。

そして、それが祖母の声を聞いた最後になった。


高校二年の冬。

早朝、家の電話がリンと一回だけ鳴った日、何かの合図を読み取ったかのように、父親が慌てて家を飛び出して行った。

祖母はその日、自宅で亡くなっていた。

枕元には、考えられないような金額の入った銀行の通帳が置かれていたそうだ。

家の家財は見事な程に整理され、例の女の写真や、祖父の遺影も見つからなかった。

父親は、通帳の預金を全額、葬儀を受け持った寺に寄付すると、祖母の遺影すら残さなかった。

どうやらそれが祖母の意向であったらしいことをH君が知ったのは最近の事。

「今になってこの話をしてみると、おぼろげに祖母が何をやっていたのかがわかってくるような感じがしますね。あの女の人の写真と、泣き声と、祖母の最後のセリフと……多分彼女は、地獄に堕ちるような事をやっていたんだと思います。それが何なのかはわかりませんが、父親は恐らく知っているんでしょうけれど、多分聞かない方がよい類の話なんじゃないかなと思うんですよ。ただ小さい頃に祖母に可愛がってもらった事は事実ですし、祖母の事は好きでしたからね……。この話、書いてくれるんですよね？　それが僕なりの供養になればいいなと……」

図書館で子供

Kさんはその日、図書館で読書に耽《ふけ》っていた。

「あそこの図書館は本当に時間が止まったように感じるの。設計した人は天才だと思う」

午後の陽ざしがゆるやかに降り注ぎ、時間の感覚が曖昧になるような居心地の良さに身を委ねながら、本のページを捲る。

どのくらいそうしていただろうか、喉の渇きを覚えてエントランス付近の自動販売機で一息ついていると、何やら騒がしい。

「外じゃなくて中、図書館のどこかで子供が泣いているような声が聞こえて」

察するにまだ幼い子供のようだ。

「きっと、ご両親が側にいるはずだから、直に泣き止むなり外に連れ出されるなりするだろうなと思っていたんだけれど」

泣き声は一向に止む気配がない。

それどころか、より激しく泣き叫ぶような調子に変化していた。

「まさか図書館で子供に暴力を振るっている人間がいるとは思えないじゃない？」

子供は時々「ぐううう」っと何かを堪えるような呻きを漏らし、嗚咽している。

とうとう我慢できなくなったKさんは、持っていたコーヒーをテーブルに置くと子供を探し始めた。

「幼児が明らかに苦しがっているようだったから、絶対おかしいと思って」

平日の昼とはいえ、図書館内にはKさん以外にも利用者が複数人おり、司書など図書館の職員も働いている。何人もの大人がそこにいるのに、皆が皆、まるでその泣き声に気付かないかのように過ごしているのは変だった。

「ちょうど、シアタールームみたいな部屋もあるので、あるいはそこで上映している映画か何かの音が漏れているのかなっていう風にも思ったよ」

それにしても、子供の泣き声と呻き声だけを延々と繰り返すような作品を図書館で上映するだろうか？

色々と思索を巡らせながら、万が一に備えて子供を探し回る。

「もし何かあったら、私一人で対処できないことはわかっていたけど」

うろうろと書架の中を行ったり来たりしている時だった。

「ちょっと言葉では伝えられない。でも『子供がこと切れた声』ってあんな感じなのかもしれない」

そんな声が聞こえたのだそうだ。

驚いて声のした方へ足を向けると、小走りで連なる書架の奥へ奥へと向かう。

もう声は聞こえない。

しかし、この辺りから聞こえていたことは間違いない。

周囲を見渡しながら子供を探すが、気配すら感じられなかった。

近くで作業をしている司書らしき職員に「子供が泣いていませんでしたか?」と訊ねると不思議そうな顔で「いいえ、私には何も……」との答え。

「でも絶対に聞き間違えじゃないんだよ、本当に聞こえていたの」

納得できずに声のした書架の辺りをウロウロしていると、一冊の本が肩に当たりバサッと目の前に落ちた。

もとあった場所に戻そうと拾い上げると、本の表紙が目に入る。

「子供に関する虐待をレポートした本だった」

陽ざしがゆるやかに降り注ぎ、静かで清潔で温かな図書館。

複数の大人たちが、のんびりと幸せそうに読書に耽る空間。

その雰囲気に馴染まない、その本。

「涙が出て来たよ、きっとこれだってすぐにわかった」

誰も、気付かなかった。

周囲に何人も大人が居て、あれだけ泣き叫んでも……。

パラパラとページを捲ると、それだけで今度はKさんが嗚咽を漏らしそうになったという。

ついさっきまで聞こえていた声。

おそらくその声の主であろう子供の惨状が、綿密に書き込まれている。

彼女はその本を貸し出してもらい、歯を食いしばりながら読み終えたそうだ。


「すごいよね、虐待を受けた子供が書いたってわけじゃないんだよ。それを取材した人間が書いて発表したものなのに、本っていう形で出版された上で『泣く』んだから」

怪談めいて言うのなら「子供の怨念が本に宿る」という表現になるのか、私がそう言うと彼女は「馬鹿じゃないの？」と言った後で続けた。

「全然違うと思う。本を書いた人たちの思いが、ああいう形で私に伝わったんだよ。子供たちは恨むことさえできずに亡くなってしまっているんだから……。そういう力が本にはあるんだと思う」

時代は変わって

「だからさ、私が欲しいのはそういう定型に乗っ取った的外れなアドバイスではないわけじゃない？　困って困って相談しているわけなんだし」

「それはそうですね……」

「五千円は包んでいるんだよ、お金取ったらそれはもうプロでしょ？　半端なことしちゃダメだと思うんだよね」

「貴女の仰ることは俺だってわかっているつもりですよ」

「わかってないからこんな話聞きに来てるんでしょ？　わかってたらそもそもこんな話を書いて、面白おかしく商売になんてしないよ」

「その辺は、最初にお断りした通り、こちらも単なる趣味っていうわけにはいかなくなっておりますので、読者の方々にちゃんと伝わるように手は尽くしますよ。面白おかしくと言っても、それはあくまで例え話であって」

「よくわかんない、それで……小田さんでしたっけ？　は私がこうやって話していることを信じてくれているんですか？」

「もちろん、それを前提にこうやってお話を伺っているわけですから、視えるということに関しては嘘だとは思っていません」

「じゃなくて、私が視ているものが実際に存在するって信じているんですか？」

「それは……」

「私に病院受診を勧めた人もそうでしたよ『少なくとも視えていることは事実なんだろうから、病院に行って、それを視えなくすることへのアプローチはできるんじゃないか』って、でもそれって私からしてみれば何の解決にもなってないの」

「ああ……」

「沢山の犬のフンに砂かけて見えないようにしているだけの道を、綺麗な道だから歩けって言われて歩きますか？　視えなくなったから、もう大丈夫っていうわけないじゃないですか」

「そうですね……」

「そもそも何処にも相談できないし、誰に言っても信じて貰えないし、病院に行っても薬飲まされて体をダルくさせられるだけ、それってさ、根本的に、そんなものはないっていう前提があるからでしょ？」

「大多数の人間は視えないんですから、それは仕方がないんじゃないですか？」

「だから、そういうことを簡単に言わないで、アナタもプロなんだったら」

「すみません」

「大多数の人間が視えないなんてことはわかってるんですよ、でもだからといって、ソレが無いってことは言えないでしょ？」

「ええ」

「認知機能の問題だったら、しっかりそれを説明して欲しいんです。認知機能の問題で車が燃えたり、友達が死んだり、見ず知らずの人間に包丁持って追いかけられたりするんだったら」

「でもそれは、一概に視えるっていうことと関連付けなくても良くないですか？　なんでもかんでもそのせいにしてしまったら、それはかえって孤立を招くだ――」

「だから、何度も何度も言ってますけど、そんなことはわかってるんですよ。こうやって喋っているのだって○○ちゃんからの紹介でどうしてもって言われたからであって、普段はわざわざこんな話しません」

「すみません……」

「私が困っているのは、私が視える上に、その視えたものと出来事を関連付けて考えなきゃならないような事象を体験しているからです、馬鹿にしないで下さい」

「……」

「燃えてる車にも乗ってましたし、友達の葬儀の時はずっと遺影の隣に並んでましたし、包丁持った人間の後ろにも居たんですよ？　あの影」

「……」

「それを視ている私が、一連の出来事と関連付けて考えない方が馬鹿みたいじゃない」

「確かに……」

「だからね、さっきも言った通り、相談しに行ったら『結婚すれば治まる』って、言われたんです、こっちはもう離婚してるっていうのに」

「結婚すれば治まるっていうのは、この地方の伝統的な霊媒師のセリフとしては非常に一般的なものですね。特に未婚の女の人に関して言えば、ほぼ百パーセントそう言われるようです。それぞれ別な霊能者に相談しているのに、同じことを言われたって人は多い」

「すごく安易なアドバイスだと思いませんか？　これって多分、出どころっていうか考え方の根っこは皆同じところから来ているんだと思うんです」

「というのは？」

「未婚の女であれば欲求不満でストレスだらけだろうから、結婚して精神的に満たされれば自然とそういう風なものは視えなくなるっていう、ざっくりそういう考えだと思います」

「なるほど」

「あるいは結婚生活で旦那の家に入れば、色々と気苦労も多いだろうから変なモノが視えても四の五の言っていられなくなるとか」

「ああ」

「考え方が古いんですよ、何十年も昔じゃないんです。何回も離婚したり、あるいは最初から結婚なんてしない女性は今の世の中それこそ沢山いるんですから」

「そうですね……」

「昔はそれで済んでいても、もう通用しない理屈、いつの時代の話？　って」

「あぁ……」

「でもそう考えると昔の人たちだってそんな、悪霊みたいなものが居るなんて思ってなかったってことではあるんでしょうね、逆に考えれば」

「まぁ、そうなりますかね」

「結局、ヒステリーみたいなものだと考えられてて、じゃあそれをどうやって落ち着かせるかっていうところの結論が結婚なんだとしたらホントに身も蓋もないっていうか」

「あはは」

「笑い事じゃないですよ？　例えばそれを男の霊能者が言っているっていうんだったらまだ話はわかります。目の前の娘を騙して思い通りにしようって意図があるんだろうなって。でも私の場合は女の人でしたからね、おばあちゃん」

「……」

「昔からのイタコみたいな人に弟子入りして、難しい修行をしてきたっていう」

「……」

「多分、その人が習ってきた理屈も相当古いんですよ、今のものじゃなくて」

「ああ」

「百歩も二百歩も譲って、例えば、仮に、ホントにそういったものがヒステリーとか精神的な不調とか、そういうのに起因する症状なのであれば、それを解決してきた文化的な装置が、今では機能しなくなっているんだと思います」

「伝統的な霊媒師とかがっていうことですか？」

「そう、そういう人たちが時代的な価値の流れっていうか、そういったものに付いて行けなくなってる」

「なるほど」

「多分、私みたいな人間は病院に連れて行かれることの方が増えたからなんでしょうね。病院を否定するわけではないですけど、結果的にそういった人の所に相談に行く人間の数が減っちゃったから、ある意味で適当にやっても成り立つようになったっていうのがあるのかな、だから質が落ちちゃった」

「勉強になります」

「ていうか勉強してください、こっちはもっと色んな話ができるかと思って、いくらかでも期待して来ているんですから」

「スミマセン」

「科学的に証明できないようなものを扱うっていうのは本来ものすごく危険なことですよ？　制御できないんですから」

「……」

「それを、読み手への影響とか、危険性とかを考えずに安易に発表してしまうっていうことの意味をもっと考えないと」

「そうですね……」

「アナタのことですよ？　他人事じゃなくって」

「すみません」

「私みたいな人間は理論武装するしかないんです。気を緩めて誰かに相談する度に、騙されそうになったり、病院に引っ張って行かれそうになるんですから」

「……」

「きっと、伝統ある霊能者的な人たちの系譜の一番先頭にいた人なんかは、理論的なタイプだったんだと思うんです、実際『結婚すれば治る』っていうフレーズは、今でこそ無効かも知れないけど、昔の日本の社会状況に照らし合わせて考えてみれば相当有効性の高いものだっていうのは私でもわかりますし」

「……」

「だから、こういった話を取り扱う人間は勉強しなきゃダメですよ？　考えなくちゃダメ。色んな話を聞いてきたって仰ってましたけど、それだけそんな状況が溢れ返っているっていうことは、文化的な側面からの自浄作用が失われているってことですからね」

「確かに、状況として当たり前であればそもそも話にすらならないわけで」

「怪異は日常から切り離された時が一番怖いんです、砂に隠された犬のフンを踏みまくるような状況になっちゃうんだから、色々な意味で怖いものになっちゃう」

「ええ」

「だから気を付けて下さいね、これ冗談でなく言いますけど、アナタの後ろ、黒いのが居ますよ」

「……」

そしてそれを解決できる第三者なんて、何処を探しても、もういませんよ絶対。

自殺意志

S君は、大学卒業後に就職先が見つからずニートになった。

「ちょうど二〇〇二年卒でね、あと数年ずれてたらもっと違ったんだろうけどさ」

打ちのめされた彼は帰郷を決意し、都市部のアパートを引き払うと田舎に戻った。

「実家であれば家賃もかからないし、地元の企業だったら何とかなるんじゃないかと思っていたんだけど、甘かった」

都市部ですら就職口が無いのに、田舎でそれを探すのは無理があった。

「コンビニバイトの求人倍率が二十倍だって、そんな時代だもの」

アルバイトの面接も通らず、日がな一日寝て暮らす。

半年も過ぎた頃には、心身ともに腐ってきていることを自覚した。

「寝ても寝ても眠いんだ、身も心も現実逃避モード」

就職の面接どころかアルバイトの面接にも行く気がしない。

「このままじゃダメだってのはわかってても、そもそも求人が無いんだよ。第二新卒なんて言葉がチラホラ聞こえてきていた頃だったけど、近隣の会社ならまだしも遠くの企業にまで就職試験を受けに行く金が無い」

学費の大半と生活費までまかなってくれていた両親に、それ以上負担をかけるのは忍びなかった。

どうにもならない現実の壁が立ちはだかり、身動きが取れない。

そんな生活が二年続いた。

「何もしないでの二年間っていうのは、一人の人間を完全にぶっ壊すのに十分な時間なんだよな」

一日の大半を寝て暮らし、義務感に駆られ求人サイトを見ては落ち込む毎日。

既に、彼がエントリーできるような企業は一つもなかった。

「自然と、自殺でもしようかなって気持ちになってきていた」

当時は、深夜になってから両親が使用している車を運転して死に場所を探すことが唯一の慰めだったそうだ。

「ホントにダメだと思った時には、深く考えずに死のうって思ってた。このまま行けば後一年以内にそうなるだろうなって」

飛び込み、入水、首つり、練炭。

それぞれに最適な場所を捜し、記憶する。

どんな死に方を選ぶかは、その時に決めようと思っていた。

「綺麗な死に方がいいなっていうのはあったんだけれど、どうせなら派手に電車にでも突っ込むかっていう思いもあって……ホント最後ぐらいは好きにやってもいいんじゃないかなって、親には迷惑かけるけどね」

探してみれば、死ぬのに適した場所はいくらでもあった。

死に方を選ぶのに迷う程に。

「日本で自殺が多いってのは環境的な要因もあるんだと思うよ。色んな精神状況に対応できるだけの自殺スポットがそこら辺にあるんだもの」

静かに死にたければ郊外の倉庫や林道。

見せつけるように死にたければ踏切や高さのある建物。

発見して欲しくなければ山や海。

数え上げればキリがない。


当時、彼は死に場所の候補として次を決めていた。

一つは市の郊外にある林道。

「練炭自殺がブームだった頃なので、もしそれをするんだったらここだなって」

もう一つは市内にある踏切。

「人通りが多い所で誰かしらいるだろうから、派手に行くんだったらそこがいいなと」

そして最後の一つは自室であった。

「親はビックリするだろうけど、いつでも思い立ったら首を吊れるってのはやっぱり魅力的なんだよね」

まるで見回りでもするように、深夜になると林道や踏切に立ち、自分を殺すシミュレーションをした。

何を用意し、どのように死んで、そしてどう発見されるか。

その時が来た場合に迷うことがないよう、入念に頭に叩き込む。

しかし、競争社会である現代、就職口もさることながら自殺場所においてもそれは例外ではなかった。

「最初は例の林道でね、新聞に載っているのを見てガッカリした」

車に目張りをしての練炭自殺。

「それから一ヶ月ぐらいして、例の踏切で」

通学途中の学生の前での飛び込み。

自分が目を付けていた場所で立て続けに二件。

「確かに、死ぬのにはいい場所だったんだ、俺以外もそう思っていたんだなって」

「そんで最後は」

自分の部屋で、父親が首を吊っていた。

「幸いなことに、ぶら下がってからそんなに時間が経っていなかったから、今も生きてるけどね」

自殺を考えるような父親ではなかった。

明るく、朗らかで、息子に対してプレッシャーをかけてくることも無い。

「たまには寄り道もいいもんだ」父親は、S君をそう励ましてさえいた。

そして後日、死ぬつもりなど無かったと弁明したそうだ。

「俺の様子を見ようと部屋を覗いたら、なんでなのか首を吊ってたって」

部屋にあったS君の皮ベルトを首に巻き、座るようにしての首つり。

「それってさ、俺が考えていた部屋での死に方と同じだったんだよな。そもそも自殺を考えたことも無いような人間が、発作的に思いつく死に方じゃないんだよ」

S君は言う。

「俺の思いみたいなものが親父に伝染したのかなって、でもさ——」

更に彼は続けた。

「もしそうなんだとしたら、そもそも俺が自殺を考えていたのだって、俺の自由意志とは限らないってことになるんだよね」

彼が死のうとしていた場所で、同時期に二人死んでいる。

「そう思い始めるとさ、死ぬのも嫌になっちゃって」

自殺未遂の後遺症で体が不自由になった父親の面倒をみるため、介護の講座に通ったS君は、それがきっかけで現在は介護士として働いている。

在宅介護

Rさんの父親は八十歳の誕生日に脳梗塞《のうこうそく》を患い、自宅での療養生活に入った。

通所でのデイケアやリハビリには積極的でなく、自宅のベッド上で過ごすことが多かったため筋力が衰え、一年も経たないうちに殆ど寝たきり状態となった。

高齢の母親に代わって日常的な介護を担っていたのは娘のRさんであり、彼女はそのために介護ヘルパーの講習に出るなどして献身的に父親の面倒を見た。

「腐っても自分の親だからね、本人が過ごしやすいように、私ができることならいくらでも手伝ってあげようって、最初のうちは思っていたよ」

食事の介助からおむつの交換、着替えに通院。やらなければならないことは多岐にわたり、自身の気持ちとは裏腹にRさんは次第に疲弊していく。

「本当に大変だった、私個人の時間なんて全然ないんだもの」

社会との接点を持とうとしない父親は、少しずつ少しずつおかしくなる。

「まだらボケっていうのかしら、マトモな時もあればワケのわからないことを言う時もあって」

ある時期、こんなことを言い始めた。

「Sんとこの孫はかわいいなぁ」

Sとは、近所に住む親戚のことである。

「Sさんの所には孫にあたる子供っていなかったから、きっとまたボケて変なことを言い出したんだなと思ってね」


『Sさんの所に孫はいないよ』

『いや、いる』

『いないよ！』

『いる！』


「真面目に相手をしても仕方ないのはわかってたんだけど、同じことを何度も言うから、だんだんこっちも腹が立ってきて『はいはい、そうですね』って言えなくなるの」

父親はこの「Sの孫」の話を度々繰り返した。

「なんでそんなことを言いだすのか……。自分のひ孫のことじゃなくて、他所の家の居もしない孫の話なんてって」

『Sの孫は女の子だ』

『今日もSの孫を見て来た』

『Sの孫が泣くもんだから困った』

『Sの孫を連れてこい』


父親は「Sの孫」に執着している様子だった。


ある晩のこと。

自室で眠っていたRさんは妙な音で目を覚ました。

「にゃーにゃーって」

家の外に猫でもいるのかと思い、再び眠りにつこうと目を瞑るが、執拗に聞こえてくる音が気になって眠れない。

布団の中で寝苦しさに耐えているいると尿意を覚え、階下のトイレへ向かった。

「ついでに父の様子を見て行こうと思って」

父親の居る部屋の戸を開けると、何やらもぞもぞと動いている。

「お父さん？」声をかけた瞬間に、父親がビクッと体を震わせたのがわかった。何だろうと思い電気を点けると、彼は目を見開いてRさんを見つめている。

「おむつにウンチをした後にそういう動きをすることがあったから、ベッドを汚されでもしたら大変と思って確認したの」

ベッドの中は何ともなかった。

一応、おむつを見てみるが排便をした様子もない。

Rさんが不思議に思っていると、父親はバツの悪そうな表情で「Sの孫だよ」と言う。

「何言ってんだろって、深夜だったから相手をしないで寝たのよね」

次の日、父親は明らかに機嫌が良かった。

「ニコニコして、大人しくて、私は楽だったんだけど」

掛布団の下で、何かモゾモゾと手を動かしているのはRさんも知っていた。

「昨晩のこともあったから、自分なりに何か面白い手遊びでも見つけたのかなと、放っておいたんだよね」

その日の夜。

「また、にゃーにゃー聞こえるの。昨日よりも激しくって盛りがついたみたいに」

前日と同じように目を覚まし、トイレへ向かい、父親の部屋を確認しようと戸に手をかけた時だった。

「部屋の中から『ギャン！』って聞こえて、猫がビックリした時みたいな声」

驚いて勢いよく戸を開け放つと、やはり父親がもぞもぞしている。

まさか猫などいないだろうが、と思いつつ、神妙な様子の父親の側に近づいて掛布団を剥いだ。

何もない。

何もないが――。

「Sの孫、黙ったわ」

父親はそう言いながら、右手をグチャグチャと動かしている。

見えない何かを弄っているような手振り。

「動かなくなったわ」

そう言って笑うと同時に「何か」をぷいっと投げ捨てるような動作をした後で、Rさんに布団を掛けるように促した。

「面白かったナァ」

子供のように無邪気な様子でそう言い、父親は目を閉じた。

Rさんは、その後しばらくして、Sさんの娘が子供を流産していたことを耳にした。父親が「Sの孫」を連呼していた時期に、それは重なったという。

「父は亡くなったけど、今度は母がね……もう四の五の言ってられないし、悩んでいる暇もなければ怖がってる暇もないのよ、そんなことがあったたってだけ」

Rさんはため息を漏らす。

「介護地獄って、よく言ったものね」

大丈夫っす

Lさんが仕事帰りにいつものガード下を通ると、黒い軽自動車が横転していた。

どうやったらこんな場所で横転するのだろうか？　薄暗がりでライトを点けたまま転がっているその車のせいで道が塞がれ、通り抜けできない。

周囲に人の気配は無い、つまりこの事故は、まだ発見も通報もされていないということだろう。

取りあえず自分が運転してきた車を停め、様子を窺おうと車外へ出た。

横転した車のライトが眩しいので中の様子は見えない、面倒くさい事にならなけりゃいいなと思いながら近づいていく。

すると、天井を向いている助手席側の窓から、男が一人飛び出して来た。

良かった、無事なようだ。

安堵して声をかける。

「大丈夫？　怪我はない？」

その声に気付いて振り向いた男は、照れ隠しなのかニヤニヤ笑いながら「大丈夫っす、大丈夫っす」と言うと、車を放置したまま物凄い勢いで走り去った。

え？　どこ行くの？

てっきり警察かロードサービスに電話でもかけるのかと思っていたのだが、その予測は裏切られた。

参ったな……。

目の前の横倒しの軽自動車がどうにかならない限り、Lさんは先へ進めない。

Lさん自身が警察へ連絡し、状況の説明をするという選択肢もあるにはあるが、仕事帰りの疲れた深夜に他人の起こしたトラブルに巻き込まれたくは無かった。

走り去った男は、どこへ行ったものなのか帰ってこない。

仕方ないので別なルートを通って帰ろうと思い、自分の車に足を進めると、向こう側から先ほどの男が息を切らせて走って来た。

なんで？

ついさっき走って行った方向とは真逆である、まさかわざわざ上の線路を乗り越えてこちら側からやって来たとでもいうのだろうか？

全く理解できない、理解はできないがチャンスではある。

「ちょっとちょっと」

声をかけて彼を制止しようと手を伸ばす。

「大丈夫っす！　大丈夫っす！」

男はそう言って、また物凄い勢いで現場を駆け抜けていく。

なんだアイツ。

確かに体は大丈夫そうだ、しかし……。

自分で事故を起こしておきながら、事故処理の手続きも踏まずに現場の周囲を走り回るなんて、何を考えているのだろう。

あるいは、頭でも打っているのか？

そう思い至ると、にわかに心配になってくる。

何となく離れられないような気持ちでその場に留まっていると、後方から車のライトが近づいて来た。

「ありゃ、事故？　大丈夫？」

初老の男が軽トラックから降りて来て、そう訊ねてくる。

「あ、いや、私じゃないんです、私が来た時にはもうこうなってて」

「警察には通報したの？」

面倒くさい事になってしまったと思いつつ、事のあらましを説明する。

「車、一人だったんだろか？」

彼はそう言いながら、横倒しになったままの軽自動車に近づいていく。

そう言われれば、そうだな。

確かめてはいなかったが、あの男の様子だとおそらく一人乗りだったのだろう。

Lさんも、軽自動車に向かって歩く。

近づけば近づくほど、全然大丈夫ではなさそうな状況が目に入ってくる。

あれ？　さっきまでこんなんだったっけ？

薄暗いガード下であっても、ここまでの状況を見逃していたことが信じられない。

ひしゃげたバンパー、周囲に飛び散っているガラス片。

地面にくっ付いている状態の運転席からは、何か液体が大量にこぼれ出ている。

「ああ、これダメだぁ」

懐中電灯で車の中を照らしながら、軽トラの男が震え声で呟いた。


「それで結局、救急車呼んで警察呼んで」

事情聴取を受け、帰宅する頃には空が白み始めていた。

「俺は自分が見た一部始終を、ありのままに話したんだけどね。車から男が飛び出て来たって話も含めて」

アルコールの呼気検査まで受けさせられたそうだ。

「そんな男は乗ってないって、車の中についてたドラレコが決め手だったみたい」

別な意味で怪しまれたが、Lさんに過失があるわけではない。

「『お疲れのようですね』って、そんだけ」

車を運転していた女性は、搬送先の病院で亡くなったとのことだった。

走り去った男の正体と行方は不明のまま。

「まぁ、確かに妙な男ではあった、事故ってるのに嬉しそうに『大丈夫です!』って。あれさあ、運転手の女を殺そうと思ってたんだろうね、そういう意志っていうか、幽霊みたいなのとはちょっと違うのかな、生霊とかって方がしっくりくる感じ……あるんだなぁ、って思ってさ」

Lさんはそれ以来、ずっと首からぶら下げているというお守りを振って見せた。

落下と思春期

「俺たちはアスレチックって呼んでたけど、電柱ぐらいの木と太い縄を組み合わせて作られた遊具でね、一階、二階、三階と高さに応じてそれぞれスペースがあって、そこに登って遊ぶの」

老朽化したため危険である、との判断から大分前に取り壊されてしまったその遊具は、地面から最上階である三階までの距離が十メートルはあったという。

「老朽化してなくても危険だったよ、落っこちたらただじゃ済まない高さだもの」

時代によるものなのか、今では考えられない程にリスキーな代物。

「それでもさ、危なければ危ないほど子供には魅力的に見えるもんで、俺らは毎日、競うように登っていたんだよ」

こぞってアスレチックに集まり、どこまで登れるかで格付けし合った。

「ドン臭かったりビビりだったりする奴らは頑張っても二階までしか登れない、だから三階まで登れる子供は、仲間内でも偉ぶれるわけ」

三階まで登るルートにもいくつかあり、それぞれ難易度が違うため、登れたら登れたで、どのルートから登ったのかによって細かい格付けがあったらしい。

「俺は一番簡単なルートからしか登れなかったから、中の上ってところだった」

子供たちは、その遊具の低い場所からは割と頻繁に足を滑らせ落下した。

「高い場所なら気をつけるけど、低い場所だと油断するんだろうね」

ちょっとした怪我なら日常茶飯事であったそうだ。


そんな危険極まる遊具で遊んでいた彼らの中の一部、すべてのルートから三階まで上ることができる子供たちが、ある日、新しい遊びをし始めた。

「二階の高さから落っこちるんだよ、しかも後ろ向きで」

スキューバダイビングのダイバーが、船から海中に潜る時の要領で、二階の縁に腰かけたまま、後ろ向きで落下する、そんな遊び。

「ちょっとね、今思い出しても考えられないよね、有り得ない」

しかし、彼らは楽し気に落下していた。

高さはおよそ六、七メートル、落ちれば大人であってもタダでは済まない。

「それをさ、クルクルって体操の選手みたいに綺麗に落っこちていくわけ」

一人がそれをやりだすと、度胸自慢の子供たちが次々に真似しだした。

一度の落下では気が済まず、ゲラゲラ笑いながら皆で仲良く並んで落下、しかも後ろ向き。

「流石にさ、俺には真似できなかったよ、あいつら頭オカシイんじゃねえかと思ったもんだ」

落下時の衝撃を考えれば、いくら綺麗に落っこちたとしても普通は無傷でいられまい、ましてバランスを崩して頭から地面にぶつかれば死んでしまうことも十分有り得る。

「それが、誰も怪我しなくってさ、不思議だったなあ」


ある時、彼らの中の一人が、どこからかエロ漫画を拾ってきた。

ほとんどの子供たちはエロ漫画に興味を示さず、いつものように落下遊びを繰り返しては笑い合っている。

しかし数人、木陰に隠れてエロ漫画を読んでいる奴らが居た。

熱心に読みふけった後で何食わぬ顔で仲間に合流し、アスレチックから落下。

「大怪我、三人」

どんな着地をしたのか不明だが、一人は折れた骨が皮膚を突き破って飛び出ていた。

「いやね、俺はその光景を見て『思春期に入ったんだな』って思ったんだ。もう子供の時間は終わりなんだなって。もちろん、当時は思春期の意味なんかわからないし、何でそんな言葉が頭に湧いて出たのかもわからん。そもそも思春期に入ったからといって、それまで出来ていたことが出来なくなるっつうわけでもないだろうに、でもまぁ、やってたことがやってたことだからなぁ」

彼は続けた。

「子供の時分って、何か特殊な力が働いてたんじゃないのかねえ？　当時の俺の感想も含めてわけわかんないもんな、超能力？　とはちょっと違うか」

それ以降、彼らはアスレチックからの落下遊びを止めた。

拾ったエロ漫画を、皆で読むようにもなった。

良い方の娘

Rさんが、結婚の許可を得るために、付き合っていた彼女の実家へ行った時のこと。

彼女の父親は近海で操業する漁船に乗っている漁師で、随分荒っぽい人だと聞かされていたので、緊張の面持ちで初の顔合わせに臨んだ。

「でも実際に会ってみると気さくな方で、海の男っていう豪快さはあっても、怖い人だとは思いませんでした」

母親もいたって穏やかな方であり、彼の来訪を歓迎してくれた。

結婚についても最初の段階で「二人が決めたのであれば、親が口挟むことはない」と全面的に賛同してくれ、打ち解けて話を進めることができた。

結局その日は「せっかく来たのだから泊まっていけ」という言葉に甘え、そのまま彼女の実家に泊まることになったのだそうだ。

一人娘を嫁に出すということで、色々と思う所があったのだろう、Rさんは父親の酒に昼間から付き合わされ、夜更けまで話し込んだ。

母親も彼女も寝室で眠りについた頃、父親がRさんの目を見つめ「これは、今まで誰にも言ってねぇごとなんだげどよ」と前置きし、語りだす。

Rさんは、すわ何か重大な話でも始まるのかと思い、身を強張《こわば》らせた。


以下は、Rさんの弁を踏まえ、私が再構成した二人のやり取りである。

「いづ頃だったいな、俺が遠洋さ乗ってだ頃だがら、あれ（彼女）が五つが六つの頃よ。あの当時は一回陸さ上がれば二、三ヶ月は休暇だがら、俺も家でグダグダ酒飲んだりしてだんだわ、すっこどねぇがらさ」

「休みが長いってのはいいすねぇ」

「ああ、海の上では酒飲まねがったしな、陸に上がったらばど思ってだわげよ、いいど思うべ？　そんくれえよ、だけども、あれ（奥さん）が、ごせっぱら（キレて）焼いでよ『寝っころがってんだったら自分の娘の面倒でも見れや』つってな、鬼みでえな顔して叫ぶわげ、ああ、あれ（奥さん）穏やかそうだげど、そういう女だから気をつけろよ」

「はっはっはっは」

「そんでな、家さ居だってその通りだべし、やがますねくてわがんねえがら、あれ（彼女）連れで、磯さ行ったんだ、遊ばせっかど思ってな」

「砂浜ではなくてですか？」

「浜までは遠くてな、そごんどこ下るっとすぐ海だがらさ。そんでまあ、ホレ、小せぇガギ連れで磯さ行ったたって暇たれだべ？　どうせだったらビールでも飲みましょど思って、五、六本買って持ってってったんだわ」

「昼間からですか？」

「昼間っから、ふふ、んで、磯さ着いでさ『ホレ遊んでこぉ』つって離してやって。あのガギ馬鹿みでえに喜び勇んでハネでってな、俺もあぁ良かった良かったって、ビール飲み始めだのよ」

「ああ、可愛いっすね」

「ふふ、そんでまぁ、俺も日陰さ腰掛げで、うるせえのもいねえし飲み直しましょって、ビール飲み始めだんだけど、磯の風さ当だってだら眠てぐなってきたんだな、そんでビール飲みながらパヤパヤっつぐなってだのさ」

「寝惚けたみたいにってことですか？」

「そう、まぁ小せえガギ連れで来てんだがら、寝入ったらダメだなぐらいの気持ちはあったよ、だがら一生懸命ビール飲んで、寝ないようにして」

「あっはっは」

「そんで、日陰で腰掛げでだらあれ（彼女）が来てよ『お父さんハイ』って、こんな小せぇ石コロを俺にくれんだわ、そんでまだ磯さ行って石拾って来てよ、何回も何回も」

「ああ、ホント可愛いっすねぇ」

「ガギっつーのも馬鹿だよなど思ってよ、なに面白ぇんだが同じごと繰り返して。まぁ俺は俺で石に点数付けで『はいよー二点』どがってな、ふふ、面倒くせえがら、ずっと二点ばり付けでだっけあれ（彼女）がむぐれでさ、はっはっは、点数上げでがったらツブ（貝）でも拾ってこいつって」


ああ、これはこの人なりの娘への別れの儀式なのかもしれない、R君はそう思った。

「そうこうしているうぢにやっぱり眠たくてな、ほんの少し、二、三分、寝だんだわ」

娘との思い出を語り、これからにむけて、これまでの関係性を再確認する。

この語りにはそういう意味があるのだろう。

「ほんで、ハッて目ぇ覚まして、うわ、しまったって、キョロキョロど首振ってガギ探したの。何かあったら女房に殺されるど思ってな、そしたらまぁ、居だごどは居だんだげんとよ、右向いても娘、左向いでも娘、そっちさもあっちさも両方さ娘居んのよ」

——え、何？

「どういう話ですか？」

「まぁ黙って聞げ、そんでな、それぞれが交互に『お父さんハイ』って、石だの貝殻だの持ってくるわげ、どう見でも娘は娘なんだわ、両方ともな」

「ええ?」

「ああ、コレどうすっかなど、酒飲んでだどは言え、ここまでどは思えねくて」

「酔っぱらってはいなかったと?」

「うん、ビール少しだもの。そんでまぁ、二人居んだがら、どっちがは本物なんだべなって、見分げなくてなんねえなってさ、まさが両方とも連れで帰るわげにもいがねし」

「いやいや、そういう問題では……」

「ハハハッ、だげどな見分けなんてつかねえのよ、両方ともそっくりっつーが、同じなんだがら。右がら来っか左がら来っかの違いだげでな」

「……」

「ばやー、ど思って、そしたらどっちだったが忘れだげども、右だが左だがの娘が、さっき言ってやった通り、ツブ拾って持ってきたんだわ、小せぇやづな」

「……」

「ああ、こっち気が利くやど思って、まだ遊んでだ片方置いて、そのまま手ぇ引いで帰ってきたのよ。最初は間違った方選んできたんでねぇがど思ってしばらぐ冷や冷やしてだげどもな、ハハハッ」

「……ええ？」

「んでもまぁ、何事もねぐ、俺らの娘どしては出来すぎた娘に育って…… 大学まで出で。あん時、鼻垂らして磯さ走って行った時はどうすっかど思ったげんともなぁ、ふふ」

「本当の話ですか？」

「ホントホント、ホレ、俺もおっかぁもこの通りだがらよ、勉強できる頭なんてねぇがらさ、あれ（彼女）がよっぽど勉強でぎるって先生なんかに言われだ時はビックリしてな、あぁ、あん時、良い方の娘拾って来たんだなぁど思って、良いごどしたなって、ハッハッハッハッハッ」

「えええ？」

「つーごどでな、宜しぐ頼むわR君、気の利く方だがらさ」


Rさんは、一通り話を聞き終えた後で「こりゃぁ嘘だろ、照れ隠しかなんかだろ」と思った、しかし――。

「それで『ホレこれ』って、そのツブ貝？　の殻っていうのをくれて……」

彼女の父は「これはまぁお守りみでぇなもんだな、何となぐ捨てられなくてよ、後は任せだわ」とRさんの手を握った。

「これな、あれら（彼女と奥さん）には話してねぇごったがら、黙ってでけろな、ホレ、あっぺ？　鶴の恩返しみでぇに、急に居られなぐなっても困っからよ、俺は何だが、まだ夢みでぇだわ、あれ（彼女）はどう考えでも出来が良すぎんのよ、俺らの娘どしては」

結局、Rさんと彼女は結婚し、現在も幸せに暮らしている。

ただ、この話は、今も奥さんには話していないそうだ。

お墓がある

秋も深まった頃のこと。

その日、Dさんは酔っぱらった状態で帰路についていた。

「友達の家で酒を飲んだ後でした、いい具合に気持ちよくなってて」

自宅へは二十分程の道のり、酔い覚ましには丁度いい距離だと思ったそうだ。

おぼつかない足取りで夜道を進んでいると、目の前にお墓があった。

「住宅地の、道路のど真ん中にです」

何だコリャ？　と思ったが、酔っぱらった頭には複雑すぎる状況だった。

街灯に照らされたそれを、まじまじと観察。

赤茶けたのようなものが浮いた、汚らしいお墓。

「そんで、それ見ているうちに、無性に洗いたくなっちゃって」

遠くにぼんやりと光る自動販売機まで歩くと、ミネラルウオーターを購入。

「水を、お墓にかけて」

赤茶けた汚れを落とすべく、水で濡らした墓石を指でこすっていく。

汚れは、流しても流してもなくならない。

それはまるで墓石から染み出してくるようだった。

「酔っぱらってたんで、どれくらいそうしてたのかは覚えてないんです」

ある程度満足するまで墓掃除をしていたハズだとDさんは言う。


次の日、奥さんに揺さぶられ目を覚ました。

「すげえ真剣な顔で睨んでくるから、どうしたのかと思って」

奥さんは「昨日、喧嘩でもしたの？」と厳しい声で問いかけて来る。

もちろん、喧嘩などしていない。

そう伝えると「ちょっと見せて」と、今度はDさんのシャツを脱がしにかかる。

「何？　何なの？」と問うたDさんに向かって「これ」と奥さんが広げて見せたのは、彼が昨日着ていたシャツだった。

「血がついていたんですよ、かすれたような乾いた血の跡がけっこう」

そこで、昨日の夜のことを思い出した。

「そう言えば、酔っぱらって墓の掃除をしたなと思って」

しかし、冷静になって考えてみれば、何から何まで不可解な記憶だった。

道の真ん中に墓があったこと、それを何故か掃除したくなったこと。

そして実際に、掃除をしたこと。

「仕方ないから、嫁には思い出したままを話して……」

わけのわからないことを話すDさんを、呆れ顔で眺める奥さん。

「どう話しても信じてくれないから、じゃあ行ってみようって」

訝しがる奥さんを連れて、昨晩のお墓の所まで来ると——。

「タヌキが死んでました」

車にひかれでもしたのか、お腹の部分が破けた狸が一匹横たわっていた。

道路の傍らには、昨晩Dさんが購入したミネラルウォーターのボトルが三本。

「普通なら血まみれで、内臓が飛び出しててもよさそうなもんだったんですが」

狸の死体は状況に見合わぬほど綺麗で、臓物どころか出血すら見られず、まるで誰かに整えられでもしたかのように整然と横たわっていたという。

その日の朝

その日の何日か前から、赤ちゃんの声が聞こえてたんですよ。

ええ、そうです家の中で。

天井裏や縁の下、そんな所から聞こえてきていたので、嫌だなあ何だろうと気味が悪かったんです。

留守番中の昼間だったり、夜に布団に入ってからだったり、時間はあまり関係なく聞こえてきていて、そうですそうです、家の中でだけ。

学校や、近所のお店なんかでは聞こえなかったから、家にいるのが怖くなったんですよね。それで母にも話したんですけど「何言ってるの?」と全然取り合ってくれなくて。

そしたら父が「ねずみじゃないのか?」と言うんです。訊いてみたら、ちょうど何日か前から天井裏を何かが走っているような音が聞こえてるから、ねずみ取りを置いたそうで、あのゴキブリ捕まえるやつの大きいバージョンみたいなやつです、はい。

それで、ねずみって赤ちゃんみたいな声で鳴くんだなと、いくらか安心したような気持ちになれて、ねずみだねずみだって思うことにして。

でも聞こえてくるのは、どう考えても赤ちゃんの声なんですよね。おぎゃあとかにゃあとか、ねずみならやっぱりチューチューって鳴くでしょう？

それより何より、その赤ちゃんの声が近づいて来ている感じがするんですよ、それまでは天井裏から聞こえて来てたのが、隣の部屋や、あるいは私の部屋の端っこの方なんかから聞こえてくるような感じで……。

もしねずみだったとしても、自分の部屋の中にいるんだとしたらそれはそれで怖いじゃないですか？　だから部屋の明かり点けて、ねずみが居ないのを確認したりして。

その段階ではねずみなのか赤ちゃんなのかわからないし、何が何だかわからないし、頭がこんがらがっちゃって、泣きべそかいて両親の部屋に駆け込んだりもしましたよ、夜中に。


それでその日の朝方に、私は眠っていたんですけど、また赤ちゃんの声が聞こえてたんです。

夢の中なのか何なのか、ずっと赤ちゃんの声が聞こえてて、それが怖いからどうしようって思ってたところで急に『ぎゃあああ』って言うか『ぎゅううう』っていうか、そんな大きな声が聞こえて、その瞬間に目覚めたんですよね。

あまりにもリアルに聞こえたので怖くなって、布団から飛び起きて母親がいるはずの台所まで走りました。

でも母親がいないんですよ、父は朝早くに仕事に行くのでいなくて当然なんですけど、母の姿がない。

辺りを見回してみたら家の勝手口が開いてたんで、きっとゴミ捨てか何かに行ったんだなと思って、私も勝手口からサンダルを履いて外に出ました。

するとと勝手口の外で、祖母が何かをしつこく踏み付けているんです。

私、祖母とは仲が悪くて、はっきり言って嫌いだったんで、無視して母を探そうとしたんですけど、祖母はそんな私に「ホレ、これで大丈夫」って自分が踏み付けていたものを広げて見せてきました。

ねずみ捕りの箱でした。

その箱の窓の所から、小さい赤ちゃんが血を吐いて、目をむき出して潰れているのが見えたんです、一気に気持ち悪くなっちゃって、血の気が引いて……。

その場にしゃがみ込んで動けなくなっちゃったところに、母が慌てて走ってきて「どうしたの！」って大声出すから、私余計怖くなって「赤ちゃん！　赤ちゃんが死んでる！」って叫んだんです、祖母の方を指さして。

そんな状況なのに祖母は笑って、母にさっきの赤ちゃんを見せていました。

それを見た母も何でか笑って、私すっかり怖気づいて泣くしかなくて。

「あんたね、これねずみだよ」母は呆れたような声でそう言いました。

そんなわけないんです、私はっきりそれ見て『赤ちゃんだ』って思ったんですから、ねずみと赤ちゃんの区別ぐらいつきますよね、いくらなんでも。

今になって考えてみると、あれがねずみだったとしても、笑いながらそれをゴミ袋に入れてる二人は異常ですよね、子供にそんなもの見せて笑ってるのって。

それで私、本当に具合が悪くなっちゃったので、その日は学校を休んだんです。

で、何ていうか、気持ち悪いなって思うんですけど、その日に初めて生理が来たんですよ、家族は何だか納得したような顔してましたけど、もう私は頭がぐちゃぐちゃで……。

この話、これまで何人かに話しているんです。

中には「ねずみは多産の象徴だから初潮に重なるのは縁起がいい」とか言う人もいて、でもそれが踏み殺されてますから、むしろ縁起悪いだろと。

あの頃は、しばらく悩んだりもしたんですけど、もう十年以上前の話ですし、あれ以来、赤ちゃんの声は聞こえないので、終わった話だと思ってたんですが……。

この前祖母の法事の際にお墓参りに行ったらお墓の後ろに、あの、戒名を刻んでおく石ってありますよね？　あそこに随分戒名が並んでるんですよ、これまで気付かなかったんですけど、私の知らない家族っていうか……水子の戒名。

それこそねずみが多産の象徴なら、あれは何かの警告だったのかな、そういうことだったのかなって、あの日の事を思い出して。

私は、そういうことが無いようにしないとって思ってるんです。

桃の匂い

Mさんは幼い頃から、葬式が好きだ。

「正確には、お葬儀の時、棺桶に入った死体を見るのが好きなの」

それには理由がある。

桃の匂いがするのだそうだ。

「お棺の、あの窓の所から死に顔を覗きこむじゃない？　そうすると何とも言えない甘い、良い匂いがするのね、もうメロメロになっちゃうくらいの良い匂い」

子供の頃は、それが当たり前だと思っていた。

「私以外の皆がわざわざ棺《ひつぎ》を覗きこむのは、この桃の匂いを嗅ぐためなんだろうなって思ってたもの」

思えば、葬儀の多い家系だったという。

「お婆ちゃんの兄弟が多くてね、田舎だったってのもあって、その兄弟の結婚相手の親戚なんて人たちとまで付き合いがあったから、毎年のようにお葬儀があって」

本家だったため、彼女の家には親族が亡くなると必ず「知らせ」が入り、葬儀の手配や準備等の中心的な役割を果たすことになっていた。

「だから私も、それについて行ってさ」

線香をあげながら手を合わせると、待ってましたとばかりに棺を覗きこむ。

脳が桃の汁に漬けられていると感じる程の、濃密な匂い。

一度それを嗅ぐと、しばらくは頭の中がその匂いで満たされる。

「ククラってなるの、本当に気持ちよくって」

親族は彼女のそんな性質を知らないため、葬儀の場でじっとその余韻に浸っている彼女を見て「本家の孫だけあって立派だ」などと誉めそやす、そう言われると祖父も父親も気分が良いので、そういった場にMさんをわざわざ連れて行くようにもなる。

「良いサイクルだよね、遠い親戚なのに学校休んでまでお葬儀に出たこともあったよ」


彼女は成人を迎えた現在も、死に顔を見ると強烈な桃の匂いを感じるという。

今では子供の頃のように陶酔することは無いが、それでも葬儀の際には胸が躍る。

「共感覚ってあるでしょう?　文字を読むと味がしたり、色を見ると音楽が聞こえたりするっていうアレ、あれじゃないかと思うんだよ」

すると、インターネット等で出回っている死体の画像などでも同じ効果が得られるのだろうか？

「それがダメだったんだよね、初めてインターネットで検索した言葉が『死体』だったぐらい期待してたんだけど、画像じゃダメみたい」

そうであれば、共感覚とは違うのでは……。

「共感覚って、天才に多いんだって、私天才なのかも」

何の才能なのかは、わからないけれど。

幽霊だったって事に

今から十数年前の出来事である。

T君はその年、東北の田舎から上京して働きだした。

大学卒業の時期が就職氷河期に被っており、一年の就職浪人を経験した後の話、希望通りの職種というわけにはいかなかったものの、それでも自分が学んできた経験を活かせる業界に拾って貰えたことは幸いであった。

「ただ猛烈に忙しかったです。十時から六時の勤務って話だったんですが、実際は九時から二十四時っていうのが普通でした。納期のある仕事だったので、作業が終わらなければ休日出勤でフォローしなければなりませんから、家になんて殆ど帰れなくて」

東京には頼れる友人知人もいない、目まぐるしい都会の日常に圧倒され、自律神経を失調しそうになりながらも一人孤独に激務に耐える日々。

「いくら若くても、今思えばあれはなかったですね。勤めて半年で十キロは太りましたもん、いわゆるストレス太りってやつです。だけど当時はそんなのが当たり前なんだと思ってましたし、何よりも就職できないっていう恐怖を一年間味わった後だったので疑問も持たずに取り組めたんだと思います」

明らかな過労は、少しずつT君を蝕んでいった。

「睡眠不足ってのが一番こたえましたね、十分に休めないせいか、目玉が熱を持ったようになってギリギリ痛むんですよ、それでも目を明けていられなくなるまで我慢してモニターを見つめてましたから、なんとも……」


そんな折、T君はふとしたキッカケで、ある女性と出会う。

「会社の近くにある喫茶店で知り合ったんです。僕なんかのどこが良かったのかわかりませんが、あっちから声を掛けてくれて」

ほっそりとしたスレンダーな体系にキツい目つきの丸顔、サラサラのショートヘア。

「本当にいい娘で……何回か会った後、僕の方から交際を申し込みました」

彼女は少し恥ずかしそうにしながら彼の申し出を受け、以後二人は付き合い出した。

「感性が合うって言うのか、一緒にいて全然ストレスが無いんです。二人で過ごして別れた後なんかは苦しくなるほどでした。寂しいっていうのとも違う、言い表せないような切ない気持ちになって」

彼女と過ごす甘やかな時間と、非人道的な会社で過ごす時間に、あまりにもギャップがありすぎたのかもしれないとT君は言う。

「彼女とずっと一緒ならそれ以上の幸せはないなと思うようになりました。二人で居ると、本当に穏やかな気持ちになれたんです」

少ない時間を工面し、二人で都合をつけては逢瀬を重ねる。

「ゆっくり散歩しながら色々話して、時々何か食べに行ったり」

付き合って半年を過ぎる頃、T君にとって彼女の存在はもはや生きがいとなっていた。

しかし、まもなくクリスマスを迎えようという十二月の半ば、いつものように一緒に食事をとったのを最後に彼女は彼の前から忽然と姿を消す。

「最初は電話が繋がらなくなって、メールを送信しても宛先不明で送り返されるようになりました。心配になって彼女のマンションに出向くとそこはもうもぬけの殻で」

以後、八方手を尽くして調べたが、彼女の所在はようとして知れないとのこと。


長くなってしまったが、ここまでが前置きである。

このT君、彼女に行方をくらまされて後、パニック発作を繰り返すようになり、それから間もなく仕事を辞め、地元に帰省して来た。

ある時、自分が東京で経験した悲しい別れを旧友たちに滔々《とうとう》と話したところ、そこで得られた反応は「それは、お前の妄想だったんじゃないのか？」というものだった。

確かに、二人の付き合いに関して詳しく話を聞いてみると、おかしな点が多々ある。殆どがのろけ話なので大部分割愛させて頂くが、話の端々で違和感を覚えざるを得ないような内容なのである。何よりも、果たして十数年前の時点で、半年も付き合いのある相手の元から、一日二日で忽然と姿を消すことなど可能であったのだろうか？

電話番号や、彼女の住所、名前等は、いくらでも捏造できる。

彼の話を聞く限り「そんな女はいなかったんじゃないか」という結論に至るというのは十分に妥当な判断だろう。

T君自身も、今となっては彼女が「現実には存在しなかった」であろうと八割がた納得できているのだそうだ。

しかし何年経っても、どうしても許せないことがあるのだという。

「『脳内彼女だった』っていうのは本当に嫌なんですよ、あそこまで入れ込んだ女が自分の妄想だったたっていうのだけは、ホントに勘弁して欲しいんです」

かといって、彼女の実在が証明できない以上、どうしようもないのではないだろうか。

「いや、ですからね、せめて『幽霊だった』ってことにできないかと思って、こうして話を聞いてもらっているわけなんです」

それは、どうなのだろうか……そもそも「脳内彼女」を「幽霊」に置き換えた所でいったいどんなメリットがあるというのだろう。

「自分の妄想ってことは、自分と恋愛してたってことですよね？　自分の理想の女を頭の中で作って、それといいように付き合ってたっていう。これはね、恥ずかしいですよ、情けないでしょ？　別な意味で悲しすぎる。でも幽霊なら他人じゃないですか？」

なるほど、言っていることは、わかる。

「だから、彼女は幽霊だったっていうことで話にして、もっともらしい事を書いてもらえれば、俺も、あとはそういうことだったんだって思うようにしますんで」

まあ、面白い。しかし幽霊だということにするには、それなりに幽霊っぽい現象なり何なりが起きていないと難しい。

「ああ、それなんですけどね。俺も流石にさっき喋ったような内容をどうにかして幽霊の話にしてくれっていうんじゃないんです。実は、このタイミングで話を聞いてもらっているのも、こういうものが出てきたからでして……」

そう言って、彼は封筒の中から、何枚もの写真を撮り出した。

「これ、東京から帰って来た時の荷物が入っている箱の中から出てきたんです。帰って来てからすぐは、色々と精神的に苦しくて開けられなかったんで、そのうちそのうちって思っているうちに十年以上経っちゃったので、いい加減大丈夫だろうと思って整理し始めたら、この封筒が入ってて」

見れば、全ての写真に墓が写っていた。

どこかの霊園だろうか？　墓の背後にも墓があり所々生花が供えられている。

「これ、君が撮ったの？」

「いえ、覚えてないです。ただあの箱に入ってたっていうことはそうなんだと思うんですが、一枚だけ、どうしても説明できない写真があるんですよ」

「心霊写真ってこと？」

「これなんですけど……」

そこには、ドーナツの入った箱を片手に、うれしそうな顔で霊園を横切っている若かりし頃のT君の姿があった。

別段、不可思議な点は無い。

「これ？　君だよね？」

「はい、そうだと思います」

「別に、不思議な写真じゃないけど？」

「画面はそうですよね、だけどこの写真、誰が撮ったんですかね？」

「え？　どういうこと？」

「彼女が実際に存在したっていうのならまだしも、脳内彼女に写真は撮れませんよね？」

しかも、ロケーションは墓である。

「さっきも言いましたけど、俺は少なくともこういう写真を撮ったり撮られたりって言う記憶はないんです、覚えてない。それはまぁおかしくなってたんであれば絶対そうだったなんて言えませんけど、それでこれ、日付が……」

彼が例の「彼女」と「付き合っていた」という時期のものである。

「デジカメで撮ったものをプリントしてるってのも……俺は普通しないから」

「それにしても、この墓は全部別な墓だよね？」

「うーん、そっちのお墓の写真は、何なのかわからないんですよねぇ。ですからこの写真を上手い具合に俺の記憶と当てはめてですね、いい感じで想像で補ってもらって、幽霊話にしてもらえませんか？　幽霊と恋して、写真まで撮ってもらったっていう、切ない感じでいいんで」

いやあ、下手に話を作るよりも、このやりとりの方が面白いよ、T君。

隠れさして下さい

Cちゃんがまだ小学校に通い出す前の事。
共働きの両親は仕事に行くため、昼間はお祖母ちゃんと一緒に過ごしていた。
お祖母ちゃんは、近所の友達を招いては日々茶飲み話に花を咲かせる。
その傍らで一人遊びに興じるCちゃん、そんな日々。
当時のCちゃん宅には色々な人が訪れた。
訪問販売の化粧品屋に服屋、魚の行商、移動販売の八百屋に置き薬の営業。
お祖母ちゃんはそんな人たちを快く迎え入れ、茶飲み話に混ぜて盛り上がる。
Cちゃんは、楽し気な様子のお祖母ちゃんを見るのが好きだった。
しかし、毎日のようにやってきても決して家に入れない、そんな存在もいた。
それは、当時四歳だったCちゃんと同い年ぐらいの男の子。
粗末な服を着た、鼻垂らしの、いがぐり頭。
「隠れさしてください」
そう言って、Cちゃんの家の茶の間を覗きこんできた。

一体どこの子供なのか、茶の間に客のいない時間を見計らってやってくる。
お祖母ちゃんは彼の顔を見るなり口汚く罵り「帰れ！」と叫び声を上げる。
Cちゃんは、そんなお祖母ちゃんを見るのがたまらなく嫌だった。
お祖母ちゃんが叫び始めると胸が締め付けられるようになる。
あの男の子さえ来なければ、そう思うものの彼は頻繁にやって来た。
「隠れさしてください」
そう言って、もの欲しそうな視線を茶の間に向ける。
時にお祖母ちゃんは、口に含んだお酒をブーッと男の子に吹きかけた。
泣きそうな顔で去っていく男の子を、Cちゃんは恨みがましく見つめた。

そんな事があったのを、彼女は中学の授業中にふと思い出したのだそうだ。
一体あれはなんだったのか、思い出せば思い出すほど不思議。
お祖母ちゃんはどうしてあんなに怒っていたのだろう。
学校から帰ると、本人に訊ねてみた。
「Cちゃん、そんなごど覚えでんの？」
お祖母ちゃんは驚いたような表情でそう言った。

「祖母ちゃんは、わがってねぇもんだどばがり思ってだげんともなぁ」

やがて訥々《とつとつ》と、お祖母ちゃんが語りだしたのは戦前の話。

以下、Cちゃんの話を元に再現したい。

「祖母ちゃんがまだ若ぇ頃《わけころ》のごどよ、その頃ヒトシっつー甥っ子がいでな、祖母ちゃんはホレ、兄弟が十二人もいだがら、いっぺえ甥《おい》だの姪《めい》だのいだんだ。ヒトシは祖母ちゃんど齢の離れだあんちゃんの息子で、随分祖母ちゃんに懐いでで」

「あねさんあねさんって、どごさ行ぐにも付いできて、今の小学生ぐれぇの頃だべげども、まぁず、からせずねえ（小うるさい）子供だったでば、んでも愛嬌あって、いっつもニコニコってでな、めんこがって（可愛がって）だの」

「そのヒトシが死んだのはアレが十歳の頃よ。下痢が止まんねぐなって、どんどん細こぐなって……ただ家の人だぢは『赤痢《せきり》だがら寄るもんでね』って、ヒトシんどこ診なくてよ。だげんと昔のごとだもの、薬もねぇんだもの、せめで誰が側にいでやんねえど可哀そうだべど思って、祖母ちゃんヒトシの看病してだの」

「『あねさん水けろあねさん水けろ』って、ヒトシがうわごと語りに語ったやづ、祖母ちゃんその頃わがんねくって『水なんか飲むもんでね』ってヒトシに語って聞かせだの、ホントは水飲ませねばわがんねがったやづな……水飲むど下痢になっからって、水ば飲ませねで、祖母ちゃんが殺したようなもんだ……」

「それで、ヒトシがそうなる前に、いづの間にが家さ上がって、ヒトシにくっ付いで回ってだのがあの童《わらし》（隠してくださいという子供）よ、あれは赤痢よ、病気集《たか》りの化け物よ。いづの間にがおら家さ入り込んで、家の者みでぇに振る舞って、ヒトシの下痢が始まった頃にどごさが行ってしまったの」

「その後も何回が、別な子供の死ぬ辺りになっと家の中覗ぎ込んで来るようになって、その度に命もって行がれでしまったの、祖母ちゃんそいづ覚えったがら、Cちゃんどいるようになって、まだあのガギ顔見せはじめだ時に、ヒトシみでえにされっと大変だど思って追い払ってだわげ。ただ、Cちゃんがあの童ば見でだとは思わねがった、あれは家さっつうよりも祖母ちゃんさ憑いだもんだどばがり思ってだがら」

「あぁ、ほんでも良がった。アレが婆ちゃんの曾孫《ひ》だのに関わったりすっことども、もしかしたらばあったのがも知れねってごどだったんだな、あのガギ、随分しつこぐCちゃんの顔見さ来てだったがら、もしかしてど思ってでだんだ。おっかながんねくても大丈夫よ、あの腐れガギ、あの頃に祖母ちゃんが押さえで頭潰したがらもう出て来ねでば、ヒトシならまだしも、Cちゃん持っていがれだら、婆ちゃん首吊んねばなんねどごだったがら」

Cちゃんのお婆ちゃんは九五歳まで生き、大往生を遂げたそうだ。

家族の都合？

さる旧家の長女であるというKさんは二十代の学生。

幼い頃、狐に憑かれたことがあるという。

「私は覚えていないんですが……すごかったみたいです。座ったまま急に飛び上がったり、夜中にいなくなったかと思えば、次の日に何キロも離れた親戚の家の庭で寝てたり、そんな状況だったらしく」

彼女は当時まだ三歳、子供の悪ふざけにしては確かに度が過ぎている。

「どこかのお寺のお坊さんにお願いして何とかしてもらったそうなんですが、詳しいことは聞かせてもらえていません。とにかくアナタはこれを持っていればいいからって」

そう言いながら、Kさんは私の目の前に手の平程の小さな巾着袋を出した。

「御札です、狐もそうですけど他にも色々な悪いものから私を守ってくれるそうで」

可愛らしい刺繍の入った巾着袋は彼女の祖母が手作りしたもの。

その中に入っている札をこれまで肌身離さず身につけてきたそうだ。

「お風呂に入る時なんかでも、必ずこれを次に着る服の上に置いておくようにと言われて、小学校に入る前からの習慣なのでもう慣れちゃいました、面倒とも思わずにやっています」

許可を得て、その札を見せてもらった。

私はてっきり紙の札だと思っていたのだが、予想に反してそれは木製で、毛筆の細かな文字が無数に書き込まれていた形跡が見て取れた。

なるほど二十年間も肌身離さず身につけているというのも納得の風情。

「その御札は絶対に水に濡らしたり傷をつけたりしてはダメだって言われていて、なので私もそれに従って大事にしてきたんです」

そう言った彼女の顔に視線を戻すと、ピタリと私に目線を合わせ言葉を続けた。

「この巾着袋だっておばあちゃんが内側から防水用のゴムを縫い付けてくれてるんですよ、中には真綿を敷き詰めて、包むように御札を入れているので落としたぐらいじゃ傷一つ付きませんし、ちょっと水がこぼれても大丈夫なようになっているんです、ほら」

確かに、巾着袋の中には綿が敷き詰められ、しっかりと札を守っているように見える。

ただ、私が見る限り札には細かく削られたような跡が無数についており、文字も一見なにが書いてあるのか判読できない程度には滲んでいる。

何度も濡れたことがあると思われる滲み、綿で守られているとは思えないような傷。

「たまに何故か無性に濡らしたくなったり傷つけたくなったりする時があって、そういう時はつらいですね。自分の意志とは無関係に勝手に水につけそうになったりすることもあるんですよ。でもその直前でいつも気がつくので、考えてみればそれも不思議」

彼女の様子と弁を踏まえると、札はこれまで一度たりとも濡らした事もなければ傷をつけた事もないということになる。

あるいは最初から、今のように傷だらけで文字も滲んだ状態のものだったとするのならば、話に矛盾はないということになるが……。

Kさんが語るには、この札は年に一回、祖母によって『お手入れ』を受けることになっているのだそうだ。すると、彼女の家族、少なくとも祖母は、この札がもはやボロボロと言っていい状態になっているという事実を知っているはずである。

更に、話していて気付いたのは、彼女が札について殆ど情報を持っていないということだった。大切にしていると言う割に、例の札について彼女が語ることはあまりにも不明瞭であり、要領を得ない。

一体どういう『手入れ』をされているのか？　狐に憑かれた時に『なんとかしてくれた』僧侶は何者なのか？　どうして『濡らしたくなる』のか？　何よりもこの傷だらけシミだらけの札を本当に『綺麗な状態』として認識しているのか？

仮に彼女がある種の憑依体質なのだとして、それを札によって管理しているのはどうやら祖母である。しかしその意味と内容に関して彼女は本質的な所を全く教えられていないのではないか？　そんな疑問が湧いた。

どうにも着地点が見えない。話としてそれが悪いわけではないが……。

目の前にいる彼女に直接聞いてみれば全てはハッキリするのかも知れない『その札は既にボロボロですけど、冗談か何かおっしゃってますか？』と。

「このお札は、本当は人に見せちゃいけないって事になっているのですけど、今日みたいに私の話を馬鹿にせず聞いて下さる方にはこっそり見せちゃうこともあるんです。本当はもっと皆に見せたいんですよね、アクセサリー感覚っていうか、自分にとって大事なものを自慢したくなる気持ちってわかりますか？」

そう言って屈託のない笑顔を見せる彼女に対し、私はそれ以上何も言えず、その日は謝礼代わりの食事を奢って別れた。私の疑問の数々は、彼女の信仰に介入しそれを暴力的に暴くことだと感じたし、そんなことは私の本意ではない。

「伺ったお話を本に載せた際には連絡をします」と言って別れておきながら、先述の話を書かないまま一年が過ぎてしまっていた昨年の十一月、Kさんからメールが届いた。

「楽しみにしています」と言ってくれていた彼女に対し、次の本にも話を載せられなかったというお詫びのメールを送った事への返信である。

実はもう一度、日を改めて再度取材を試みようと思っていたのだ。

どうにかやわらかく真相を問いただせないものかと悩んでいるうちに月日ばかりが過ぎていた。

メールの内容は、結婚の報告から始まっていた。

中国人の青年と恋に落ち、日本を離れることになったという。

中国の青年氏はプロポーズの際、彼女が肌身離さず持ち歩いていた例の札をフェリーの上から海に投げ捨て「あんなものが無くても僕が君を守る」と言い放ったそうだ。

彼女の弁によれば、それからと言うものまるで『憑き物が落ちたように』自分の人生を主体的に選択できるようになり、これまでの日々が『間違いだったと気付いた』とのこと。

あれだけ大事にしていた札を投げ捨てられたにもかかわらず、あまりにも肯定的に状況を述べる文面に困惑しつつ読み進めると、追伸として以下のようにあった。

〝御札に関しては全てが逆でした
家族は捨てます
あなたも人が悪いですね〟

この言葉に関しては私なりの解釈もあるが、あくまで推測であり蛇足と判断し伏す。
以降、何度かメールでアポイントを試みたがKさんからの返信は無い。

魚と猿の魚

看護師のＢ君が勤める病院の話。

彼の勤務する病棟には曰くつきの部屋があるそうだ。

「その部屋に入室した方が『あるもの』を見たというと、必ず亡くなるんです」

「あるもの」の表現の仕方は見た人によってまちまちであり、具体的に何なのかと問われればハッキリしたことは言えないとのこと。

「例えば『あ、何か泳いでる』とか『金魚が浮いてる』とか、あとは『蝶々蝶々』と言いながら何もない空間をなぞっている患者さんもいました。そしてそれとは別に『誰か飛び降りた』ですとか『窓から猿が入って来た』『黒い子供が飛び跳ねてる』っていうのもありますね。なのであくまで想像ですけど『魚のような何か』と『猿のような何か』があの部屋には出ているのかなと」

その部屋は、いわゆる『お看取《みと》り部屋』ではなく、あくまで一般的な療養の際に使われる部屋であり、入室したからと言って必ずしも患者さんが亡くなるわけではない。

「ただ『魚か猿』のどちらかを見たような言動をする方は、必ず亡くなります」

病院には医療のスペシャリストが揃っているのだから、そのような前兆現象を察知した場合に、何か手立てを講じることはできないのか問うと「それは難しいですね」と彼は言う。

「こういう言い方をすると悪く取られるかも知れませんが、病院はあくまで『患者さんの生命力を高める』のを手助けする場であって、寿命を延ばす場では無いんです。どれだけ一生懸命ケアしても亡くなる方は亡くなります。私たちは何か特別な事をしているわけではなくて、あくまでエビデンスに沿った『当たり前の医療』を提供しているに過ぎない。その『当たり前の医療』によって回復する患者さんとそうじゃない患者さんが出てくるだけの話で、生きるか死ぬかはあくまでその患者さん次第ですから」

B君自身、前述のような心持ちで仕事に取り組めるようになったのはつい最近の事だという。

「いくらでも患者さんにとって苦痛が無いように不安が無いように、自分が助けるんだというつもりで取り組むんですよ、こんな仕事を目指した人間なら最初は誰でもそう。だけどずっと何百年も生きられる人間なんていないんですよね、みんな必ず死んでしまうんです。それをしっかり心に留めておかないと、何か大きく間違うような気がするんですよ」

つまりその部屋で『魚や猿を見たから死ぬ』のではなく『死ぬから魚や猿を見る』と解釈するのが正しいのではないかと彼は解釈しているようだ。

「そうです、ですから――」


その時、例の部屋に入院していたのは六十代後半の男性、以後Aさんとする。

「胃癌のオペ後、一度は退院なさったんですが、貧血が強くて再入院になった患者さんでした」

それまで病気をしたことが無かったという彼は、手術が成功した後でも常に不安な様子で、再入院の際も「癌が再発したのでは」と家族に漏らしていたらしい。

「手術は立派に成功していました、胃癌のオペ後の貧血というのはありふれた後遺症ですから、退院前にもかなり情報を提供していたんですが、ご本人にとって十分ではなかったのでしょう、反省しました」

B君は担当のナースとして、その患者さんの不安をできるだけ和らげるよう、今後をしっかりと見据えた療養が出来るよう心掛けた。

その点で言えば、Aさんの家族が協力的に関わってくれたのは幸いだった。

「やっぱりね、生きる理由というか目標があると違うんですよ。前向きになれる材料があればあるほど、積極的に治療に取り組んで頂けますから」

Aさんの目標は、孫の成人式を見るというもの。

「三歳だって言っていました、娘さんが父親を励まそうとして頻繁に連れてきていたんです。可愛らしい男の子で孫と一緒に居る時のAさんは幸せそうでしたね」

何か不安げな様子の時は、そのつど孫の話題を出して励ました。

「お孫さんの成人式まで生きるんですよね?」といたずらっぽく言葉を掛けるB君に
「孫を人質に取られたら言うこと聞くしかねえわな」と笑顔のAさん。

そんな関係性が出来てくると、Aさんは自分自身が何に困っていて何を恐れているのか、一つ一つを話してくれるようになった。

「不安を言葉で表出できるところまで来たなと、看護計画としては順調でした」


Aさんの経過は良好で、退院を間近に控えたある日の午後。

検温のため部屋を訪れると、中から笑い声が聞こえる。

どうやら娘さんとお孫さんがやってきているようだ。

覗いてみればベッドサイドに腰かけたAさんが、孫を見ながら笑っていた。

娘さんは部屋中を駆けまわる息子に手を焼いている様子。

入り口で立ち尽くすB君に、Aさんが声を掛ける。

「さっきからずっとこうだ、子供のやることはわかんねぇが、何でこんなに可愛いかな」

孫は「おさかな、おさかな」と言いながら、何かを捕まえようと小さな両手をパチンパチン鳴らし、虚空を見上げてはキョロキョロしている。


次の日、Aさんは予定を前倒しして退院した。

孫の葬儀に出席しなければならなくなったためだ。

『長生きなんてするもんじゃねえな』と言った彼に、B君はかける言葉もなく、うつむくしかなかった。

それは前日に、娘さんが引き起こした自損事故の結果だった。


「――ですから、入院患者さんでなくても、亡くなります」

因果の行方

B君はその日、クラスメイトのO君がU字の針金をコンセントに突っ込まされる様子を遠くから見守っていたのだそうだ。

「いかにも弱々しいんだよね、外見もそうなんだけど存在感が『ああ、コイツ弱いな』っていうタイプ。だから何かあると必ずからかわれるんだよ」

図書室で本を読みましょうという時間だった。不幸なことに先生はその場におらず、その行為を咎めるような人間も同級にはいない。

「クラスの悪ガキ連中がさ、囃し立てながらOに針金持たせて『勇気出せ！』とか『頑張れ！　頑張れ！』って。Oはもう諦めたような顔してるんだ、俺を含めた他の生徒も沢山いたんだけど、誰も止めなかった。強要してた奴らも、Oも、他の連中も、自分のクラスでの役割に忠実っていうかね」

B君のクラスには「そのような行為を止める役割」の人間はいなかった。

「俺も『遠くから憐れむような顔で見守る』という役割を忠実に果たしてたよ」

O君の吠えるような叫び声と共に、U字の針金はポトリと床に落ちた。

真っ赤に加熱されたそれは、コンセントの周囲を焼き、床をU字型に焦がした。

「Oがね、泣き笑いみたいな顔で『こんなんなった』って自分の指を見せるんだ、範囲は広くないけど、ミミズが埋まったような酷い火傷《やけど》だった」

周囲の教室のブレーカーが落ちた事に気付いた先生が、様子を見にやってくる。

「先生からみれば、いつも悪ガキ連中と一緒にいるOは奴らの仲間って認識だったんだと思う。悪ふざけが過ぎるって怒られてたのもOだった」

先生の怒声とともに、保健室に連行されていくO君。

どうやら彼は、それが強要されたものであるということを喋らなかったらしい。

「Oにしてみれば、そんなことはこれまで何回もあったんだろう。俺は彼とは別な小学校だったから詳しくは知らないけど、中学に上がる前からそんなんだったって他の奴らが言ってるのを聞いたことがある。Oの中では友達なんだって、何をされても友達ってそういうもんだと思ってるから、当たり前なんだろうって」

「憐れむような顔で見守る」という役割だった他の全ての生徒は、その時に何があったのか誰も喋らなかった。「いじめを先生に告発する」という役割の生徒もまた、彼らのクラスには不在。

「自分に火の粉が降りかかってくる可能性を考えれば、迂闊なことはできないよ。何よりもO自身が『それでいい』っていう雰囲気を出してたから、ある意味では皆がOに甘えてたんだと思う。彼の態度は、俺らの罪悪感をなかったことにしてくれるものでもあったんだ」


次の日、O君は学校を休んだ。

「俺は、前の日の火傷が原因かなと思っていたんだけど、そうじゃなかった」

O君の休みは、母親の葬儀のための忌引きだった。

その日の地元紙の朝刊に、線路を歩いていた女性が列車にはねられ死亡したという記事が載っていたのだという。

その女性がO君の母親であった。

「知っている奴は最初から知っていたみたいだ。内容が内容だから俺なんかのところまで情報が回ってきたのは、Oが戻ってきた後でね」

指に包帯を巻き、これまでと違った様子のO君は、とにかく痛々しく見えた。

「『お母さんは仕事に行くための近道として線路を歩いていたところを運悪く列車にはねられた』ってOが言うんだけど、そんなわけないよね、自殺だよね、どう考えても」

B君は家に帰ると、新聞の束の中から数日前の朝刊を漁ってその記事を見た。

「死亡事故だから何月何日の何時ごろって書いてあってさ、その時刻ってのが……」

O君がコンセントに針金を突っ込んでいたあのタイミングであった。

「俺、ピンと来たんだよ。Oの母ちゃんが列車に轢かれたのは、あの日、Oがコンセントに針金突っ込んだからだって」

言っている意味が全くわからないが、とにかくB君はそう感じたのだと語る。

「だからあの日、俺があんな馬鹿な事を途中で止めさせていれば、Oの母ちゃんが死ぬこともなかったんじゃないかと思って……」

母親が亡くなってなお、O君に対してのいじめは続いた。

B君は忸怩たる思いを抱きつつも、結局その行為を止めることはできなかった。


「それで、本当は行きたくなかったんだけどね、成人式」

中学を卒業して五年後、正月明け早々のこと。

「うちの町は中学ごとにグループを作らされて会場に座るから……」

当時のクラスメイトが顔を合わせる、高校が別だった人間とは五年ぶりの再会。

振袖、袴、作ったばかりのスーツ、そんな艶やかな出で立ちの新成人が集う会場にO君の姿は無かった。

成人式後は、中学校ごとに近隣のホテル等を会場とした同窓会が執り行われる。

「それまでの空いた時間で、中学校に顔出すってのが定番になってるらしくて」

寒い中、部活で汗を流す後輩を冷やかしながら校舎に向かう。

中学校の教室を見て回り、やがて図書室。

「あの時の、Uの字型の焼け焦げがまだあって……」

O君にそれを強要したうちの一人が、それを指さし笑う、つられて皆も笑う。

「もう思い出話なんだ、あんなクソみたいな出来事ですら『懐かしいね〜』なんて、せめてOがその場に居てくれたのなら、それでも良かったんだけど……」

その日、O君は自宅で首を吊っていた。

「成人式があった日っていう話だから、何時ごろのことなのかはわからない。だけど俺にはやっぱり直感があって、きっと俺らが中学校の図書室であのU字の焼け焦げを見てた頃だったんだろうなって」

B君だけが直感した、奇妙な偶然。

「Oの母ちゃんの時と一緒、だからあの日、俺らが中学校になんて行かなかったら、Oが首を吊ることもなかったんじゃないかって、俺はそう思ってる」

なぜ、そう思うんだろう?

「考えすぎなんじゃないの?」

「もちろん、科学的な証明なんてできないのはわかってる」

「いや、そうじゃなくて……」

「Oが成人式のあの日、首を吊ったのが何時ごろの事なのかはわからない。お通夜にも出たけど、そんな事聞ける様子じゃなかったし……」

「だからそうじゃなくて、普通、そんな所に因果を求めたりはしないよって話」

「因果?」

「O君とそのお母さんが自殺してしまった時、確かに君は二回とも図書室のコンセントの近くにいた。そしてO君の存在を笑いものにしている人間を咎めることができなかった、それは事実なんだろう。だけど、その行為は対象であるO君にも、O君のお母さんにも直接的には関係ないよね? でも君は、それが原因だと思っているっていうことでしょ? それは飛躍しすぎなんじゃないの?」

そんなことじゃなくて、とB君が頭を掻きむしる。

「俺が言いたいのは、あの時、あの教室で針金突っ込まされたOの気持ちがOの母ちゃんに届いてたんじゃないかっていうこと。成人式の日に俺らが図書室でOを思い出して笑っていた時、その笑い声がOに届いていたんじゃないかってこと、それが自殺に繋がったんじゃないかってこと、そういうこと」

そう言って、涙目になっているB君を見て、なんとなくわかった。

彼は中学の頃からずっとわだかまっている罪悪感を処理しきれていないのだ。

本当は「遠くから憐れむような顔で見守る役割」ではなく「そのような行為を止める役割」の人間になりたかったのだ、そしてそれが出来なかった、中学の時だけではなく、成人してなお。

普通では考えられない因果を持ち出してきたのは、きっと、彼自身がその因果の中で罰せられたいと欲したからだ。

「O君の幽霊、見たことないの？」

「そんなもん、出るんだったらとっくに出てる、でも出て来てもくれない」

自殺してしまったO君は、幽霊としてすら形を結ばず、B君が無理矢理引っ張った因果の線の中で、B君の解釈の元、B君の周囲を今もぐるぐる回り続けている。

なんらかの罠

今から六年程前、大学を卒業したL氏は就職に合わせて上京することとなった。

会社の近くの物件は家賃が高すぎて借りられないため、多少遠くても交通アクセスの良さを重視して部屋探しを行い、某駅周辺に住むことに決めた。

「その駅の近辺にある不動産屋で手ごろな値段の物件を探してもらったのよ」

ピックアップされたのは同じような家賃の部屋が五つ。生活していく上でのメリット、デメリットを勘案し、更にその中から二つの物件に絞り込んだ。

「不動産屋に車を出してもらって、それぞれの部屋の内見に行ってさ」

一軒目のマンションは大きな道路沿いにあり、部屋は二階で風呂トイレ別、間取りも広く、モニター付きのインターフォンまで付いていた。

「家賃の割には良い物件だと思った。ただどうしてもその部屋には馴染めない気がして。部屋に入った瞬間に何だか肌寒く感じて、何が悪かったのか眩暈まで起こしちゃった」

不動産屋はしきりにその部屋を勧めてきたものの、L氏は判断を保留し、次の部屋に向かった。

「前の部屋と比べると、どうしても見劣りするなぁと」

一階の角部屋、ユニットバスで間取りも狭く、一応オートロック付ではあったがカメラ付きのインターフォンなどはなかった。

「だけど最初の部屋に住むぐらいならこっちだなって思ったんだ」

条件としては最初の部屋の方が圧倒的に優れており、不動産屋も「掘り出し物件なんですけどねぇ」と残念そうにしている。

気になったので聞いてみると、もちろん事故物件などではないという。

「なんだろうなぁ、気持ち悪いっていうのとも違うんだよ。余りにも俺の希望通りっていうか、その部屋に住むことが予め決められてでもいるような、そんな感じがあったんだ。何かの罠に嵌ってしまうような、危機感みたいなものを感じてた」

結局、好条件の一軒目を蹴って、二軒目の部屋に入居を決めた。

「良くも悪くもない部屋だったけど、自分の勘には従っておいた方が良いと思って」

東京での生活は順調に進んだが、数年後、親が病気を患った関係で地元に戻って一緒に暮らすことになった。

「ちょうど引っ越しの日にさ、荷物もあったんでタクシーに乗って駅に向かってたら、その途中でパトカーが停まっているのを見た」

それは、彼が最初に下見に行った例の物件の前だった。

「その時は何とも思わなかったけど、実家に戻って確認したらニュースになっていてね」

そのマンションに住んでいた住人が無理心中を起こしたという記事。

「その犯人ってのが俺と完全な同姓同名で、同じ年齢に同じ資格で同じ職業だったんだ」

あの部屋に住んでいたのかどうかはわからない。

「でも、多分住んじゃってたんだと思うんだ、そこまで一致してて、あの部屋じゃないって方がおかしい気さえするよ」

やっぱり罠だったんだなぁ、とL氏は首を振った。

ループ

Fさんは小学五年生の一学期から二学期を何度か繰り返したそうだ。

「こんなこと言うとさ、中二病とか言われるんでしょ？　だからこれまで誰にも話したことないんだけどね、確実に何度か繰り返してるんだよ」

その言葉に、別な体験談を披露してくれた彼女の友人二人が驚きの声をあげた。

そもそもFさんは、怪しい取材を受けることになった友人の付き添いとして同席していた女性である。本来の取材対象ではなかったのだ。


それは、五年生の一学期、始業式から始まる出来事。

「転校生が来たのね、Y君っていう」

Y君のお父さんは日本各地を転々とする仕事をしており、彼もまたお父さんとともに色んな学校を渡り歩いているという。

「Y君にはお兄さんがいて、そのお兄さんはものすごくカッコいいの。一緒に転校してきて六年生だったんだけど、勉強もスポーツもできて、優秀なのよ」

しかし弟であるY君はまったく冴えなかった。

「人の良い優しそうな子なんだけど間の抜けた感じでさ。まぁどうしてもお兄さんと比べられちゃうから、その辺は損してたと思う」

そんなY兄弟は、主にお兄さんの活躍によって学校中の人気者となった。

「Y君は何もしてないんだけど、弟だってだけで上級生からチヤホヤされてた。本人は恥ずかしいのか嫌がっていたようだけど」


基本的に、Fさんの印象に残っているのはこのY兄弟のことだけらしい。

「繰り返す日常に変化があるわけじゃないんだよ『あれ、まだた』って思うだけ、学校以外でも全部同じ、まぁ小学生の日常なんてそうそう変化があるものじゃないから」

テストやなんかは有利だったのではないだろうか?

「小学校のテストなんて普通は百点取るものでしょ? 有利も不利もないよ。ただまぁ誤解を招くと悪いので最初に言っておくと、この認識はそもそも『繰り返してた』って後から気付いたことで得られたものなの、だから二回目だろうが三回目だろうが未来を知って行動できたわけじゃなくて」

いわゆるデジャヴのようなものなのだろうか?

「そうそう、あれが細かく連発して起こるの、だからいつの間にか、それに予感が追い付いちゃう『あれ？　何かおかしいぞ』って思っているうちに『ああそうだったそうだった』となる感じ、デジャヴを予知するみたいな？　しかもそれを思い出したのは全部終わった後のことなんだよ。『そうだった』ってことを後から思い出したの。意味通じるかな？」

良くはわからないが、そうだと言うのだからそうなのだろう。

何か特筆すべき出来事があったわけではないのだと彼女は言う。

「逆に言えば、私が物心ついてから『特に何の思い出もない日々』ってあの時期ぐらいかも」

やがて一学期が終わり、夏休みが終わり、二学期が終わる。

「それで二学期の終業式の日に、Y兄弟が転校の挨拶をするんだよ」

壇上にあがったY兄弟がそれぞれ「今までありがとうございました、楽しかったです」という話をし、それが終わった瞬間に何故か二学期の終業式が一学期の始業式に切り替わっており、再び同じ日々を過ごすことになる。

「あれ、変だな変だなって思ってると、転校していくはずのY兄弟が『転入の挨拶』を終えたことになっているわけだよ。それでその時だけ『あれ？』って思って、また半年過ぎた時にＹ兄弟の挨拶を聞いて『あれ？』って思うわけ」

何度繰り返したのかわからないが、何回目かの二学期の終業式に、それまでとは違った状況が生じた。

「Ｙ君が、終業式の挨拶で『これからよろしくお願いします』って言ったんだ、もう転校して行くのにね、それで体育館中に大笑いが起こって、Ｙ君が泣きながら言い直して」

それ以降は、細かいデジャヴもデジャヴの予知も生じていないとのこと。

「何回繰り返したんだろう、そもそも『繰り返してた』っていうのはＹ君が間違った後に泣きながら『ありがとうございました』って言った時に初めて自覚したんだよね、その時に『今までと違う』って、起きてない出来事のデジャヴが起きて、あれ、今までってなんだったたんだろうと」

彼女は最低でも三回は繰り返したはずだと言う。

「私が『起きてないことのデジャヴ』を感じるまでに、最低でも一回は『起きたことのデジャヴ』を感じていないとならないわけだから、一回目は普通に過ごして、二回目は繰り返しだったとして、やっぱり三回は繰り返してなきゃならないよね？」

何が何なのか良くはわからないが、彼女の言うことを要約すると「小学校五年生二学期の終業式に、自分が同じ日常を何回も繰り返していたと気付いた。そのキッカケとなったのは転校していくY少年が挨拶をトチったこと」ということになる。

しかしそうすると気になるのは、Y君が転校の挨拶で言ったらしい「これからよろしくお願いします」という言葉。

隣に座る同級生二人の「そういえばあったね」「よく覚えてるよねそんなこと」というリアクションを見る限り、その出来事自体は本当にあったようだ。

「多分さ、私だけじゃなくてY君も繰り返してたんじゃないかな？　もしかしたら私よりもっと自覚的に。それでちょうどループの境目にこんがらがっちゃった結果『よろしく～』って言ってしまったんだとしたら、どう？」

十八年目の亀

最近、初対面の方に飛び込みで取材を試みる際に「幽霊見たことありますか?」という質問を投げかけると空振りしてしまうことが多い。

これまでなら、そんな切り出し方であっても案外食いついてくれたものだが、近頃は極端に怪しまれ距離を置かれてしまうケースが増えた。

恐らく私の年齢が関わっているのだろう、もう中年である。

どうやら私は、皆がある程度寛容に接してくれていた「胡散臭い若者」のカテゴリから外れ「怪しいオッサン」という新しい枠組みで捉えられるようになったようだ。

「怪しいオッサン」は本当に怪しまれる、好意的に接してくれる人は少ない。

なので、三十五歳を過ぎてから今日、飲み屋などで声を掛けてみる際には、それなりに距離感を測った後で「知り合いで逮捕された人いますか?」とか「小、中の同級生で亡くなった人います?」などという言葉から入っていくようにしている。

十分に怪しい自覚はある、しかし「最近どうですか?」「仕事忙しいですか?」と始めたのでは本題まで遠すぎ、そもそもこちらの聞きたい方向に話題を向けられないままに会話が終わってしまったりする。

怪異に近すぎず遠すぎず、それとなくそのような記憶を刺激するフレーズ、矛盾するようだが「現実的な意味」での「非現実的なライン」から話を進める必要があるのだ。


その日、そう問いかけた私に、L君は少し考えてからこう言った。

「逮捕された知り合いや死んだ同級生はいないっすけど、俺は両親が失踪してますよ」

デリケートな内容であろうことを承知しつつ、探りを入れるように不思議な経験はないかと話を向けると、彼は苦笑いしながら「失踪とは関係ないっすけど、昔こんなことがありました」と語ってくれた。


L君は子供の頃に亀を飼っていたそうだ。

「大人の手の平より少し小さいぐらいの亀でしたね」

うっすらと水が張られ、石が配置された水槽の中でのんびりと首を伸ばしている亀を、当時の彼はうっとりと眺めていた。

「それだけでも面白かったすけど、子供だったし、やっぱり弄りたくって」

時々、水槽から亀を出してリビングに放してやる。

どこを目指すのか、ゆっくりと歩みを進める亀。

「こいつは何を考えているんだろうなぁと思ったりしながら」

裏返してみたりつついてみたり、その都度ごとの反応を楽しむ。

成すがままにされている亀の有り様はL君の好奇心を大いに満たした。

ある日、ふと〝遊び〟を思いつく。

「絵本を何冊も並べてトンネルを作って、その中を歩かせるんです」

絵本でできた薄暗いトンネルの中をのん気そうに歩いて行く亀。

その様子をトンネルの前後から覗いて楽しむという趣向。

「面白くって、何度もやりましたね」

トンネルの入り口で止まったまま動かなかったり、途中まで進んで戻って来たり、亀は思い通りには動かない。

しかしそれ故に飽きることもなかった。

「半年ぐらい飼ってました、でもいなくなっちゃったんですよ」

その日も、トンネルを作って歩かせていた。

「いい感じで進んで行ったので、トンネルを延長してやろうと思って」

入り口から前へ進んで行く亀の後姿を確認し、絵本を持って出口に回り込む。

「それでトンネル出口から中を確認したら、消えてたんですよね」

亀は、どこを探しても出て来なかった。

「本当に一瞬の出来事で」

なるほど、不思議な話ではある。

しかし今一つパンチが――。

「それで、その亀が出てきたんすよ、十八年経って」

「え？　生きてたの？」

「いえ、死んでましたけど」


彼は現在、実家で一人暮らしをしているらしい。

「両親は、置手紙すらないまま突然いなくなっちゃって、何の手がかりも無いんです」

小学校低学年の頃にお父さんが、中学に上がるタイミングでお母さんが失踪し、以後、祖父母と共に暮らしていた彼が、生家に戻って来たのは一昨年のこと。

「実家は、祖父《じい》ちゃんが時々面倒を見てくれていたようで、もったいないから住んでみたらって勧められて。歳のせいもあって手入れをするのも億劫だからと」

仕事の関係で深夜に帰宅することが多くなっていた頃であり、祖父母との生活時間が大きくズレはじめてもいた。

「それで、戻ったんすよ」

一戸建ての家に一人で暮らしているという。

「去年の夏でした、二階にある自分の部屋で寝ていたら屋根裏から妙な音が聞こえてきたんですね」

エアコンの室外機でも回っているような、ブーンと響く重い音。

「虫の羽音みたいに聞こえたんで、蜂が巣を作っているんだと思いました。音から考えて結構デカいんじゃないかと」

しばらく放っておいたが、蜂を駆除する業者があると聞き、下見を頼んだ。

「結局、巣は無くて。ただ『こんなんありましたよ』って、亀の甲羅を手渡されました」

埃を被り、カラカラに乾いた甲羅だった。

「まぁ、亀なんて普通、屋根裏にいないでしょ？　どうかはわかんないですけど。でも確かに亀は飼ってたわけで、そしてそれが消えちゃってますから、あの亀かなって」

骨などはなく、まるでそこに置かれていたかのように甲羅だけが見つかった。

「不思議な事って言えば、それぐらいですかね。別に怖い話じゃないっすけども」

それから少し黙って、一人言のように彼は言った。

「考えてみれば両親よりも先に、あの亀が失踪してたんだなぁ」

音の原因は不明だが、それ以来聞こえてこないそうだ。


「良い話を聞かせてもらってありがとう」

そう言ってお礼代わりに酒を勧めると、L君は何か考えているようだった。

「どうしたの？　まだ続きあるの？」

そう水を向けた私の顔を見て、彼が言う。

「俺、ちょっと怖くなってきました」

さっきまでの軽快な雰囲気とは明らかに異なる喋り方。

「なに？　どうしたの？」

何か原因でもあるのか、しきりに後方を気している。

「いや、うーん、でも……」

この上、何か続きがあるのかもしれない、期待する私の横で彼は押し黙った。

L君とは、それきりである。

後日、飲み屋のマスターから、どうやら彼が引っ越したようだという話を聞いた。

虚無の予感

そうなの、覚えている限りでは小学校三年生ぐらいから。

通学路に立ってるんだよね、黒い人が毎日。

それが怖くって、お祖父ちゃんに学校の近くまで送ってもらったりしてた。

学校でも資料室なんかには色々溜まってたな。

幽霊っていうか、もっと自然現象に近いような感じ、人の形はしてなくって、ふわっふわって煙みたいなのが移動したりするんだ。

あとは写真ね、集合写真で私の顔だけ歪んじゃうの。

正面を向いて撮られると明らかにおかしな顔になっちゃうから、シャッターが下りそうだなと思った瞬間に微妙に顔をズラしたり。

あからさまに横向いちゃったりすると、写真屋さんが目ざとく指摘してきたりするからさ、不自然にならない程度に俯いて、だから写真嫌いだった。

結構、その辺にいるんだよ、わざわざ心霊スポットなんて行かなくてもね。

体の透けた人が同じ横断歩道をずっと行ったりきたりしてるとか、ずぶ濡れのままファミレスの座席待ちの椅子に座ってる人とか、うん、子供の頃は怖かったけど、高校生ぐらいから平気になってた、気にしても仕方ないし、そういうものだと思って。

一番怖かった経験？　その質問は困る。

そうだね、例えばスズメバチがいるでしょ？　刺されたら痛いし、その可能性を考えれば怖いけど、だったら単に刺されないように気を付ければいいだけで、対処の仕方はいくらでもあるじゃない、見えるってそういうこと。

そもそも「見えない」っていうことが前提になっているから怖いんでしょ？　普通は見えないものが偶に見えちゃうから怖いんであって、私は見えるのが普通だったから。

だから、今すごく嫌なんだよね。

子供産んだ後に、全然見えなくなっちゃってるのが逆に怖いんだ。

うちの旦那は割と理解がある方だけど、そもそも「そういうもの」の存在を信じているわけじゃないのね。

付き合い始めた頃によく言われたのが「存在しないものでも『見える』ってことはあるんじゃない？」っていう言葉。

幻覚とか幻聴とかあるわけで、脳の働きの範囲なんじゃないのって考え。

あからさまに否定されたり、何か拗らせた人だと思われるよりいいけど、よく考えてみるとそれって随分残酷な捉え方だなって思う。

私はね、見えちゃってたから「そういうものたちの存在」を疑問に思ったことなかったんだ。

小さい頃はともかくとして、大人になってからは、ビックリはしても怖いと思ったことないの。むしろ安心っていうか、救いになってた部分が結構あったんだって今になって思うんだよね。

仮に私が死んでしまっても幽霊とかになってその辺をふよふよ漂ったりできるんだろうなって。

だから、好きだったお祖母ちゃんが死んじゃった時もそんなに悲しくなかったんだ、何かのキッカケでまた会えるんじゃないかって思えたから。

結婚する前にさ、旦那が見せろっていうから昔の写真見せたの。

さっきも言ったように写真嫌いだったから、変な写りの写真は処分したりして殆どまともな写真残ってないんだけど、卒業アルバムとかは流石に捨てられないじゃない。

そしたら旦那がね。集合写真の私を見て「くしゃみの直前？」って「普通に可愛いよ」って言うんだよ、歪んだ顔見てね。

それ聞いてね、何だか複雑な気持ちになってね。

もしかしたら全部、私の気のせいって考え方もできるんじゃないのかなって。

もちろん、そんなわけないって思う自分もいるんだよ。

二十年以上も「有り得ないもの」を見続けてきたんだからさ。

そんな簡単に済ませられるわけないんだよ。

でも、そうこうしているうちに子供が生まれて、半年ぐらいバタバタしている間に見えなくなっちゃってるのに気付いて……。

もしさ、私が長い間幻覚を見ていたんだとしてさ、そうすると私が死んでしまった後はどうなるんだろう。

子供が小さいうちに私が死んじゃったりしたら、もうその先を見られないのかな、幽霊になって見守るなんてことは、できないのかな。

旦那に言うとさ「だから今を一生懸命頑張るんだろ」って、もっともな話なんだけど。

怖いよ、みんなどう考えてるんだろう。

それを納得して生きているのが普通なの？

赤ちゃんすごく可愛いんだよ、なんでこんなに可愛いのってぐらい可愛い。

最近ずっと、絶対に死にたくないって思ってる。

偶然と責任

Cさんの先輩であったF氏に関する話。

「なんでも早死にの家系らしくって、俺は長生きできないんだって言ってました」

高校からの付き合いで、卒業後は職場も同じ。

「いろいろと世話になってたんで、俺は結構心配してたんですよね。この人大丈夫なのかなぁって」

しかし長生きできないという割に、F氏はバリバリの体育会系であり、持病をもっているなどというわけでもなかった。

「だから一体何を根拠に『長生きできない』なんて言い出したのかわからなかったんですよね。高校時代から言ってましたけど」

理由を聞いてみても「早死にの家系なんだよ、四十まで持つかなあ」などと、F氏は他人事のように言った。

「早死にの家系つっても、どんな死に方をするのか、病気なのか事故なのか、その辺の事を聞いてみたこともあるんですけど『色々だよ』ってずっとはぐらかしていて」

Cさんが結婚の報告をした日、F氏は「おめでとう、俺の分まで幸せになってくれ」と言った。まるで自分は結婚できないとでもいうような口調だったので「先輩も結婚すればいいじゃないですか、女の子紹介しますよ」と話すと、泣き笑いのような顔をして『せっかく結婚しても早死にだから妻子に迷惑がかかる』というようなことを語った。

「まぁ、早死にの家系って言うだけあって、先輩は親父さんを随分早くに亡くしていたので、もしかしたらそういうのが関係しているのかなと」

どこか意固地になっている雰囲気もあり、それ以上は触れずにいた。


やがてCさんには子供ができ、時に家庭内での不和を経験するなどし、父として夫として家庭での責任の重さを痛感するようになっていく。

「それまでなら、シンドイことがあっても先輩に話をすれば、的確なアドバイスをもらえてたんですけど、家庭のことに関しては結婚してないし子供もいないですから、相談しても理想論ばっかり言われているような気がして、ピンとこなくなってて」

そんなある日のこと、Cさんは、F氏から「相談がある」と呼び出された。

「俺が相談をすることはあっても、先輩が相談を持ち掛けてくることとなんてなかったので、何があったんだろうって」

並んで座った飲み屋のカウンターで、F氏は開口一番「結婚を考えている」と言った。

「親しくしている女性がいるのは知ってたんで、ついに思い切ったなと」

おめでたい報告に笑顔のCさんだったが、F氏は沈んだような表情で俯いている。

その後、彼がCさんに語ったのは以下のような事である。


父親は、俺が生まれて間もなく事故で亡くなった。母親は随分苦労して俺を育ててくれたが、あっけなく逝ってしまった父を恨みにでも思っていたのか、ことあるごとに『お前は早死にの息子だから絶対に結婚してはダメだ』という言葉を吐いた。俺はその言葉を真に受けて育ったものだから『自分は結婚できない』と思い続けて来た。

だけど、生きていれば縁もできる、好きになったり好きになられたり、そういうことはどうしても起きてしまう。実はもっと若い頃に結婚を考えた女性がいて、それを母親に伝えた時に『ダメだ、結婚をすれば死んでしまうんだから』と強硬に反対された。

しかし何よりもショックだったのは、その時に母に話されたこと。

父方の祖父という人も父が幼い頃に亡くなっていて、その祖父の兄弟もまた同様に結婚後、間もなく亡くなっているという事実だった。

これは俺も自分で調べたから嘘じゃない。

母親が言うには、父方の血筋は何代か前から祟られていて、血統を残すと遠からず命を取られるらしい。母親の言葉は単なる八つ当たりではなかったようだ。


つまり、F氏は怯えていたのだ。

「年齢を考えれば結婚に関してはこれが最後のチャンスかもしれないからって」

もっとも、二代に渡って結婚後早々に亡くなっているからといって、三代目のF氏までがそうなるとは限らない、限らないどころか偶然としても殆ど有り得ないだろう。

祟り云々《うんぬん》に関しては、その詳細すら不明であり母親がF氏を束縛するために使った方便の可能性が強い。

「俺もそう思って。きっとこの人は誰かに背中を押してもらいたいんだなと。そりゃ実の母親に『結婚すれば死ぬ』なんてことを呪いのように言われ続けてきたわけですから、頭ではわかっていても抗えない不安ってのはあったんでしょう。でも、その母親も既に故人でしたし……」

Cさんは、F氏がどれだけ誠実な人間であるか知っていた。そのような関係性の母親にすら、育ててもらった恩を返すべく随分と孝行を重ねていたのを見ている。

――大丈夫ですよ、もう幸せになって下さい。

そう伝えると、F氏は泣き崩れた。

「きっと今まで誰にも話せなかったんだろうなと。自分だけで抱え込んで、悩んできたんだろうなと。他人が聞けば笑ってしまうような話でも、先輩にとっては重い現実だったんでしょうね。だから俺が、ずっと身近にいた俺の口から、大丈夫ですよって言ってあげなきゃならなかったんですよ」

F氏が入籍したのは、それから間もなくのことだった。

子供も生まれている。

Cさんは言う。

「俺は、先輩の幸せを願ってたんですよ。だって普通は有り得ないでしょう？　おとぎ話じゃないいんだから『結婚したら死ぬ』なんてこと、まともに取り合う方がどうかしてると思いませんか？　ねぇ？　そんな話ばかり集めてるって言ってたじゃないですか？　ないでしょ、他にそんな話。俺は聞いたこともないですよ。本当に偶然そうなったって、だけで、俺はあくまで一般論に従って先輩の背中を押しただけですから、だって先輩には他に家族もいなかったし、婚約者にそんな話できるわけもないし、だから俺しかいなかったんですよ、悩み抜いてやっと不安な気持ちを吐き出せた人に対して『死ぬから止めておいた方がいい』なんて言えるわけがないじゃないですか……」

……ほんと、悪い偶然だったんですよ、そう言ってくれませんか。

名水の成分

バイクでのツーリングが趣味であるという六十代の男性K氏から伺った話。

彼は一時期、ツーリングと並行して各地の名水を片っ端から飲み歩いていた。

「あてどもなく走るのも面白いんだけど、どこか行き先を決めて、自分で立てたスケジュール通りに一日を過ごすっていうのも充実感あるんだよ。そういう意味では、走るコースを設定する時に、名水の場所を組み込むと都合いいの。僻地だったりすることも多いから、難易度も様々で楽しめた」

評判の名水が、K氏にとっては水道水以下に感じられることもしばしば、しかしそれも含めて面白がっていたのだそうだ。

「自分に合う水を飲むと本当にスッキリするんだよ、美味い美味くないの話ではなくて、具体的な効果が感じられるんだ。たかが水なのに不思議だったね」

水にはうるさいと語る彼が、何度も汲みに行っていた水場での出来事。

「ある峠の中腹に湧いている水なんだ」

その場所に至るまでの峠道はなかなかの隘路《あいろ》で、一応舗装はされているものの、車ではすれ違うことも困難であろうとのこと。

「でも私にとっては好都合でね、他の人とすれ違うことも殆どないから、気兼ねなくバイクを走らせることができるわけ」

季節の移ろいを感じながら、バイクにまたがってのんびり走行し、名水で一服。

「美味《うま》いだけじゃなくて頭がスカッとするし、顔を洗うと肌が潤ってつやつやになるの、言うこと無しだよ」

道にも水にもハマりにハマり、週に一度は必ず水汲みに出かけた。

「持って帰って来てコーヒー淹れたりしても美味い、妻も喜ぶし良いことづくめで」

ある日のこと、早朝に自宅を出て、いつもの峠に着いたのが午前八時頃。

水を汲み、持参したおにぎりを食べ一息ついていると、山の方から何か気配がする。

「カモシカとかがいると不思議とわかるんだ、だからその時も近くにいるのかなって」

立ち上がり辺りを見回したところ、木々の生い茂る山の奥まった所に人がいた。

「山菜採りの人たちと稀にすれ違うことがあったから、多分そうだと思った」

会釈するような距離ではなかったが、どうやら相手もK氏に気付いたらしく、軽く手を振って木々の中に分け入って消えた。手を振り返しながら、疑問に思う。

「妙だった、付近には車もバイクも無かったし、どうやってここまで来たのかなと」

それからK氏は、同じ場所でたびたびその人を見かけた。

「同じ場所っていうかね、同じなのが場所だけなら良かったんだけどさ、服装から立ち振る舞いから手を振る回数まで、毎回完全に一緒なんだよ。分け入っていく場所も一緒」

何だか、妙では済まない気がしてきていたという。

「何かを知らせているのかもなと。あるわけないと思いつつ、どこかでそんなことを考えてはいたんだよ」

そんな頃、余所で知り合った同世代のツーリング仲間が、K氏の水汲みに同行したいと申し出てきた。

「断る理由は無かった、私は私で思うところもあったしね」

その日も朝方に出発し、着いたのは予定通りいつもの午前八時。

「水を汲んで、山を見上げて、あぁやっぱり出たなと」

同行した仲間に事情を告げ、止した方がいいと言われつつK氏はその場所を目指した。

「覚悟はしていたんだ。せっかく同行者がいるんだから、その日がチャンスだと思って、何を見つけてもいいように準備もしてた」

息を切らせて斜面を上り、木々を掻き分けること十数分、下から仰ぎ見たよりも距離的には大分近かったその場所で、K氏は裏返しに揃えられている靴を見つけた。見回せば、衣服の残骸と、緑がかった白いものが散乱している。

「やっぱりなって」

手を合わせ黙祷を捧げると、近くの木に目印になる紐を括りつけ、通報した。


「警察の調べでは自殺だってことのようでね」

こともなげにそう語るK氏、話しぶりからは全く動揺が感じられない。

もしかすると、これまでもたびたびそういうことがあったのだろうか？

「いやいや、ないない、あんな経験をしたのはあの時が初めて」

しかし彼が目撃したのは明らかにこの世のものではない。同行した仲間の方には、手を振る男は見えなかったらしいことも考慮に入れると、K氏に何らかの力があったのだと考えなければ、むしろおかしい気さえする。

「でも、その水を汲みに来ていたのはKさんだけじゃないんですよね？」

「そりゃそうだよ、道が悪いから多くはなかっただろうけど」

「だったらなぜ他の方ではなくKさんだったんでしょう？　縁もゆかりもない人なのに」

「ああ、それは単なる量の問題だと思っているけど」

「量？」

「水が湧いてくる場所の、言うなれば上で亡くなっていたわけでしょう？　骨になるまで、ずいぶん長い間、あの人はそこに横たわっていたんだよ。それで、私はあそこの水を週一で何年も汲みに行っていたの。意味わかるよね？　そういうご縁だったんだと解釈しているんだ」

K氏は楽し気に笑いながら「どうぞ」と自分で淹れたコーヒーを勧めてくれた。

金縛りに関して

T君との会話。

「それでこう、夜に眠っていると体が動かなくなんのさ『あ、来た』って目が覚めるわけ。そんなのが毎晩毎晩だったから、参っちゃって」

「でも、そこには住み続けたんでしょ？」

「だって、そのアパートに住み始める前から金縛りはあったしね。実家に住んでいる時だって、夜中に同じような状態になることはあったよ」

「せっかく霊園の横のアパートに住んで、毎晩金縛りにあっていたのに、土地的な因果は求めないということ？」

「土地が理由なんだったら、そのアパートの住人全員が毎晩金縛りにあわなくちゃならないだろう。そもそもそんなアパートが成立するわけないじゃない」

「いやぁ、俺からしてみれば明らかに大家さんも狙ってたと思うよ。それこそ霊道とかさ、アンタの部屋にだけ霊園からの霊道が通ってたっていう、おかげさまで他の住人は安らかに暮らせてたとかね、生贄的な意味で」

「だったらそもそもそんな部屋を貸さなければいいじゃない。毎晩金縛りにあう部屋のあるアパートなんて、そんな噂が広がったら大変だよ？　だれも入居しなくなるよ。リスクヘッジの意味でも空き部屋にしておくでしょう普通。物置にだってなんだって使えるんだから」

「本当に影響なかったと思ってるの？　実家に住んでいた時は毎晩金縛りにあってたわけじゃないいんでしょ？　頻度の面で言えば、引っ越した初日から毎晩なら明らかにその部屋になんかあると考えるべきなんじゃないの？」

「いや、毎晩だったのは一時期だけだよ。それ以降は普通に戻った。多分あれは睡眠の質とかそういうことが関係していたんだと思う。レム睡眠とかノンレム睡眠とかいうじゃない？　あれだよ。初めての一人暮らしだったわけだし、新しい部屋で環境も変わったんだから、慣れるまでの間は半覚醒状態みたいな、質の悪い睡眠になってたんだ」

「いやぁ、せめて何か人影を見たとか、そういう体験はなかったの？　お札貼ったら治まったとかさ」

「ないない、札貼ったぐらいで、そんな都合よく治まったりしないよ」

「じゃあホントに疲労とかストレスの影響だと思ってるってこと？　部屋に慣れたらスッキリ治まっちゃったから？」

「いや、治まってはいないって『普通に戻った』だけ」

「は？」

「だから、実家に住んでいた頃と同じような頻度に落ち着いたってこと」

「今もあるの？」

「あるよ」

「アパート引っ越したのに？」

「アパート関係ないんだって。あのアパートで頻発した金縛りは、本当に体が動かなくなるだけなんだもん。俺のいつもの金縛りってのは、最後に足首掴まれてグイッと引っ張られるからね。半覚醒の金縛りとは一味違うんだよ。小さい頃からだから、もう慣れたし、単なる金縛りとの違いもわかるの。あの霊園はちゃんと供養してるよ、アパートには何の問題もないの」


Wさんとの会話。

「仕事で疲れて帰って来た時とかは多かったな。まだ新人の頃だったし、忙しい職場だったから、生活のリズムが崩れちゃって、なかなか寝付けなくてね。そういう夜は金縛られたね」

「それまでも金縛りの経験はあったんですか?」

「ないない、その仕事について引っ越した後からだから二十二歳の時が初金縛り」

「どういう風になるんですか?」

「夜に眠ってると、ベッドサイドの机の上に何か黒いものがいるのね、それがもわーっと圧し掛かってきて『あ、来た』って。それで胸の辺りから苦しくなって、じわじわっと体が動かなくなるの。それで汗だくになってもがいてさ、どこか小指の一か所でも動けば、一気に全身が軽くなるっていう、それの繰り返し」

「どれぐらいの頻度でそんなことが?」

「基本的には残業で疲れて帰って来た時だったね。それから『もう無理、もういいや』みたいに投げやりなテンションになってる時も多かったな。ネガティブな空気に寄せられて来てる感はあったよ。だからできるだけ何か楽しいこと考えて、ポジティブな気持ちでいるようにした」

「ポジティブだと違いますか?」

「違うね、ポジティブな時は金縛っても軽いんだよ。でもネガティブな時は声も出せないぐらいに苦しくなるから、酷い時なんて壁に向かって足を引っ張られたりしたもん」

「え?」

「足をこうぐぐっと持って行かれるの、実際に体が動かされるわけじゃないんだけど、何かこう意識が飛ばされそうになるんだよね、それはそれで、そうなれば楽なのかもしれないけど、いつもギリギリのところで抵抗してた。あれは怖かったよ」

「今はどうなんですか？」

「結婚して子供が生まれてからは全然。私は離婚しているから、結婚がどうこうっていうよりも子供の存在が大きいのかな。あの頃みたいに『もう死にたい』とか思うことないもん。どうやって二人で生き延びていくかってことだけ考えているから。ある意味ずっとポジティブな状態なのかもね。変なのが寄って来ても今は撃退する自信あるな」


Mさんとの会話。

「昔はすごく怖がっていたような気もしますが、別に金縛りで死んでしまうわけではないですからね。今はなすがままに任せています」

「色んな人にお話を伺っているんですが、突然ですけど金縛りの時に足を引っ張られたりしたことはありますか？」

「うーん、あったのかな、あったと言えばあったような気もします」

「何かに圧し掛かられたとかは？」

「それはあります、圧し掛かられるっていうか、入って来られる感覚に近かったです」

「入って来られる？」

「体の中に、何か別なものが入って来ようとするんです。私はそういう時もできるだけ抵抗しないように、平常心を心がけているので、されるがままというか」

「実際、入られたんですか？」

「ああ、それを話す前にね、私ヨガをやってるんですよ、もう十年以上になりますけど」

「は？」

「ヨガで体を動かしていると、自分の意識と体のリズムって結構違うんだなと思ったりするんです。例えばこうやって、手足を動かしたりすることは意識的にできますよね？」

「はい」

「でも心臓だったりとか、他の臓器もそうですけど、命を繋ぐために色々な細かい活動をしているにもかかわらず、私たちの意識でそれを制御することってできないじゃないですか？」

「そうですね」

「つまり、意識と体をリンクさせるためには、相当意図的にそれに取り組む必要があるんです」

「はぁ」

「もっと言えばなんですけど、そうすると、私のこの体に私の意識が紐づけされている根拠って、ものすごく薄いなと」

「？」

「体そのものは意識がなくてもその営みを続けるわけですよ、夜に眠っている時なんかはそうですよね？　心臓動かさなきゃと思いながら寝ないじゃないですか？」

「はい」

「それでね、私の考える金縛りっていうのは、その体を操作する意識そのものが、その辺を浮遊している別な意識の介入によって置き換えられる過程のことです」

「え、ちょっと待ってください」

「ん？」

「置き換えられたっていうことですか？　その入って来たものに？」

「言うなれば今話している私が『入って来たもの』でもあります」

「……」

「といっても、人格まで変わるわけじゃありませんよ。もっとプリミティブな変化なんです。少しずつ少しずつ置き換えられていくんですね。人体の新陳代謝みたいなことが意識の上でも生じていると考えて頂ければ」

「魂の新陳代謝ということですか？」

「そうですそうです、私の場合の金縛りというのは、その自覚的な記憶です。パソコンのOSをアップグレードしている時に、パソコンは使えないみたいな状態ですね」

「すると、金縛りはなくても……」

「程度の差こそあれ、同じことは皆さんに起こっていると思いますよ、無自覚なだけで」

二分の一　自殺成功

以下の話は、怪談を取材しようと思って得られたものではない。

話してくれた本人も、それを怪談本に載せられるだなどと思ってもみなかっただろうし、事実、これを怪談として発表して良いものかどうか悩むところではある。

ただ、前話のMさんとの会話の直後にこの人に出会ったというタイミングもあってか、今までちょっと味わったことのない感情を覚えたので、読者の皆様とそれを共有したく思い、拙筆ながらできるだけその時の私の感覚を再現できるよう試みた。

今年三十歳になるFさんは、中学に在学中の頃から、時々、強い自殺衝動に駆られることがあったと言い、腕には今も痛々しいリストカット痕が残っている。

しかし、ある日を境にその衝動の一切が消え去り、現在は溌剌《はつらつ》とした日々を送っているそうだ。

そもそも何が原因で自殺衝動を覚えるようになったのかと問うと、両親に可愛い可愛いと言われ、まるでお姫様のように育てられたのにもかかわらず、中学入学後に、客観的な視点で他のクラスメイトたちのルックスと自分のそれを比較評価してみた際、自分の容姿が「可愛い女の子」の部類には入らないという結論に至ったためなのだという。当時の彼女は、ひたすら「可愛さ」に憧れを抱いており、可愛くなるための努力ならなんでもできた。

髪形、ファッション、言葉使い、自分の中では確かにイメージできる「可愛らしさ」を、しかし自分自身では表現できないということに絶望し、その後の中学、高校生活を全て、自傷行為と自虐に捧げたと語った。

大学受験には苦も無く取り組めたが、大学生となった後も、いちいち刺激される自身の容姿コンプレックスに悩まされ、どうにか日々をやりすごすために向精神薬を服用するようになった。

しかしそれでも拭いきれない絶望感と、何故か襲ってくる強烈な敗北感が彼女の意識を苛み続けた。

制御の効かない自分の心に、それでも懸命に向き合おうとした結果、更に自傷行為をエスカレートさせていった彼女は、ギリギリのバランスで成立していた当時の自分を「そうしてまで生きている自分自身」というカギカッコつきの自己認識によってのみ（逆説的な形ででではあるが）肯定され得たと語る。

人一倍忍耐強く、自身の心と向き合い続けたFさんであったが、就職活動を上手く進めることができなかったことがキッカケとなり、ある夜、ついに本気で自殺を決行した。

どのような手法でそれを行ったのかは伏すが、比較的軽度な中毒症状のうちに家族に発見されたことによって、試みとしては失敗、しかし、運び込まれた病院の病室で眠っていた彼女は、夢うつつにて「自身の体から自分の意識を拒否される」という、なんとも不思議な経験をしたといい、その際に自分の周囲に存在した「生きたかったけれども生きられなかった」何者かの意識と半々で融合するのであれば、という条件付きでやっと自分の肉体に戻ることを許されたという。

結果として、後遺症も残らずに退院できた彼女は、それまでの生活が嘘であったかのように、快活で前向きな女性へと変貌を遂げ、ボランティア活動へ参加したり、周囲の男性に自分からアプローチをかけたりと、人生を満喫するべく積極的に動き出せるようになったのだそうだ。

以上が、Fさんが語ってくれた自分自身の半生である。

結果オーライと言ってしまえばそれはそうなのだが、そうとも言えないような現実も垣間見えたので、以下に記す。

彼女が「生まれ変わる」までの、極端に捻れた自意識の歴史と、それに伴う葛藤の半生に強く心を惹かれた私は、Ｆさんに対し「小説を書いてみたらどうか」と勧めた。すると彼女は、自殺を試みる直前まで、自分の思いを物語として綴っていたのだと語った。それであれば、その書いたものを是非読ませて欲しいと申し出た私に、後日、彼女は何冊かの大学ノートを持って会いに来てくれた。

一読して、その滅裂なる世界観から仄かに立ち上る、祈りのような言葉の数々に打たれた私は、夢中になって読みふけり、彼女に絶賛の言葉を捧げた。

これは絶対に続きを書いて世に発表するべきだと言うと、彼女は急に表情を曇らせ、泣き笑いのような顔でポロポロと涙を流し始めた。

彼女曰く「もうこういうものは書けない」らしい。

当時の自分がどのような思いでこれを書いていたのか、半生を語ってくれた時のように記憶としてなら説明はできても、こういったものを書きたいという感情は全く無くなっており、読んでみたところで何のことなのかさっぱりわからない。

それどころか、むしろイライラと不快にすら感じるのだとＦさんは言い、近いうちに踏ん切りがついたら捨てるつもりだったと続けた。

それならば、なぜ涙を流すのかと問うた私に、彼女は「今しがた褒めてもらった際に、もういなくなってしまった大切な友達を思い出したような気持ちになった」と語り「自分ではなく、その友達が褒められたように感じ、何故か嬉しくて涙が出る」と、うつむいた。

捨てるぐらいなら譲って欲しい、と彼女に伝えたが、結局それは叶わなかった。

Fさんは「もう読み返すことはないだろうけれど、これはこれで自分の生きて来た証であったことに気付いた」と語り「ある意味、昔の自分の位牌のようなものです」と呟いた。

Fさんのようなケースは本来ならば「生まれ変わったようだ」と表現するべきなのだろうが、どうも「二分の一だけ自殺に成功した」とでも言う方が正しい気がする。

なぜなら、もうこの世にはいない、あのノートへ物語を綴り続けた〝彼女〟の存在が確かにあったのだということを、恐らく彼女の最初で最後の読者である私がここに、記したいからだ。

感謝と共に、ご冥福を祈る。

脱衣場にて

三度の飯よりも温泉が好きだという六十代のY氏から伺った話。

その日の朝、彼は山間の温泉地にある共同浴場に浸かっていた。

一番風呂に入るため前日から近隣に車で乗りつけ、そのまま車中泊をして早朝五時の開場を待っていたというから、相当なこだわりである。

「普段であれば地元の人間が二、三人やってくるんだけど、その時は僕一人でね。一番風呂で自分だけけっていうのは、実はあまりないことだから、じっくり堪能していたんだ」

浴場の受付は無人で、小箱に入浴料を入れるシステム。

女湯の方からも人の気配はしないため、鍵を開けに来た浴場の管理人が姿を消した後は、周辺の環境をまさしく独り占めするような格好となり、実に気分が良かった。

湯船に入ったり出たりを繰り返し、しばらくのあいだ贅沢に湯の感触を楽しんでいると、やがて脱衣場の方が騒がしくなってきた。

「他に誰か来たなと思ってね。かれこれ一時間程は独占してたんだし、僕はその風呂の後も別な風呂に向かう予定だったから、そろそろ上がることにしたんだ」

脱衣場に出てみれば、そこには金髪の大柄な男たちが四人、楽しそうに談笑しながら服を脱いでいた。全員、外国人だったという。

「うわ、こんな所にも外人さんが来るんだなぁと。日本への外国人旅行者が増えているって話は聞いていたけれど、さすがにここまでは来ないだろうって場所だったからね」

彼らはY氏に気付くと、はにかみながら会釈をし、挨拶らしき言葉をかけてきた。

「英語だっていうのはわかったけど、僕はそのへんは全然ダメだから、何て言われたのかまではわからなかった。でも気の良さそうな連中だなと思ってね、日本語で返したの『いいお湯ですよ』って」

それを聞いた四人組は、口々に「い、お、ゆです」などと片言でYさんの発言を真似、何が面白いのかハイタッチなどしながら盛り上がった。

「こういう時に英語をしゃべれれば面白いんだろうなって、その時は思ったね」

浮かれた雰囲気とは裏腹に、しかし、Y氏は何やら違和感を感じてもいた。

馴染みの田舎風呂に、金髪の大男たち、確かにそうそう有り得る組み合わせではない。それ故のものだろうか？——ふと、Y氏は気付いた。

「彼ら全員、脱衣所の鏡に姿が映っていなかったんだ」

どういうことだろう？　外国人は鏡に映らないのだろうか？

一瞬そんなことを考えてしまう程、Y氏は混乱した。

三つある洗面台の上に大きく横長で貼られた鏡に映るのは、戸惑った自分の顔のみ。背後に映っているはずの、例の四人組の姿はない。

気付けば、さっきまであんなにはしゃいでいた四人組が、全裸のままなにやら固まって、Y氏をチラチラ見ながら小声で話している。

あまりのことに驚き、着替えの手を止めてしまっていたY氏は、その異常な状況に我に返り、そそくさと身支度を整え始めた。

「風呂に出かける時は、着たり脱いだりし易い服装にしているから」

Y氏はサッと服を着、何も気付かなかったとばかりに四人組に軽く会釈をして、脱衣場を出た瞬間に車へ向かって全力で走った。

会釈の際、まだ風呂に入っていない彼らが、一度脱いだ服を再び着始めていたのを確認したからだった。

「車のエンジンがかかるのと、四人のうちの一人が浴場から飛び出して来たのは殆ど一緒のタイミングだった、なんだかわからないけど、逃げて良かったんだと思う」

あるいは車で追いかけてくるかも知れないと感じたY氏は、そこから一番近くにある温泉ホテルに駆け込んだ後で、やっと一息ついた。

「その後しばらく、もしかするとものすごく失礼なことをしてしまったんじゃないかと考え込んだりもしました。そのぐらい普通の青年たちに見えたんです」

Y氏は、それ以降も時々温泉場で外国人と遭遇することがあると、その度についつい鏡を確認してしまうそうだ。

きづげばが

「ね？　わかんないでしょ？　私もずっと『きつね墓』だと思ってたんだ。ちょうど墓石？　みたいなのも建ってたし、小さいやつ。それが、まぁ子供には区別つかないじゃない？　お墓なのか祠《ほこら》なのか何なのか、宗教っぽいモニュメントは大体お墓に見えるんだよ。だからきっと狐を供養する場所なんだって勝手に思ってた」

「広い畑の真ん中にさ、ぽつんと島みたいになってるの、こんもりと。丘っていう程大きくはないな、高さ？　うーん、二メートルいかないぐらい、整備されているわけじゃないし、盛りあがった原っぱっていうか、そこに杉の木が三本とそれに囲まれるようにさっきの祠があるだけの場所なんだ」

「小さい頃なんかは、そういう変わった場所に目が向くよね、家の周りは畑しかないから、なおさら興味が湧くんだよ、私も何度も行って遊んだよ。でも見つかると怒られるんだ、兄貴たちはそんなことなかったのに、私だけ怒られるの。特にお祖父ちゃんがものすごい不機嫌になってね。どうして？　って聞いても教えてくれなかった」

「それでさ、怒られて私が泣いていると、必ずお祖母ちゃんが来てね『あのきづげばがんどごさ行ってだめだよ』って、悲しそうに私に言うわけ。祠と杉しかないんだから『きづげばが』は祠を指してるんだと思うのが普通でしょ？」

「不思議だったのはさ、お祖母ちゃんの場合、私が誰にも見つからないようにそこで遊んで帰ってきても『きづげばがんどごさ行って来たでしょ、ダメだよ』って言ってくること。お祖父ちゃんに怒られるのは現行犯だった場合だけれど、お祖母ちゃんはね、私が内緒で『きづげばが』で遊んできても、直ぐに察知するわけ」

「私が中学生だった時に、お祖父ちゃんが悪酔いしちゃったことがあって『あの祠んどごに寄ってねえべな』って、凄んできたの。もう中学生なんだしそんな所に遊びに行くわけないいんだけれどね、何を気にしているのかなと思ったから『なんであそこに行っちゃダメなの？』って訊いたんだ、そしたら『年頃の娘があんな縁起でもねえどごさ行って、何があったらどうする』みたいなことを言うのよ。私さ、お祖父ちゃんに『年頃の娘』って言われて、すごく気持ち悪くって、それで覚えてる。思春期だったんだよ」

「その頃になると、お祖母ちゃんはボケちゃってて、まあ農家だから、基本的に父も母も家にいるからね、家で見守り介護みたいにして暮らしてたんだよ。祖父母の他に父と母、兄が二人に私だから、何かあっても手が足りないってことはなかった。休みの日とかは私がお祖母ちゃんの相手したりしてたんだ」

「私の高校時代には、お祖母ちゃんの認知症も大分進んでね、失禁とかしはじめてさ。それは何とか家族でカバーしてたんだけど、言動がね……私を見るたびに『きづげばが、きづげばが』って繰り返すようになって、私の体にしがみ付いてくるわけ。認知症だから仕方ないんだけど、今度はその様子を見たお祖父ちゃんが『おめえまだあそごさ行って来たのが！』って私に怒鳴るのよ。今思えばお祖父ちゃんも、もう認知症入ってたんだろうね」

「それでも最初は我慢してた、でもやっぱり限界が来てさ、お祖母ちゃんはまだしも、お祖父ちゃんはなんなの？　って、意味のわかんないことで怒鳴られる私の身にもなってよって、両親に訴えたんだ、そしたらさ、父が色々と話してくれて」

「お祖父ちゃんとお祖母ちゃんは幼馴染で、土地持ちの家同士で結婚したの。お祖父ちゃんはお坊ちゃん育ちだし、お祖母ちゃんはお嬢様育ちだったみたい。許嫁ってやつなのかどうかわかんないけど、親同士が決めた結婚に乗っかったっていうことなのかな、家の繁栄のためとか？　なのかも」

「でもね、お祖母ちゃんは、お祖父ちゃん以外に好きだった人がいたみたいで、駆け落ちしようとして失敗したんだって。それに激怒したお祖母ちゃんの父親が、色々手を回したらしく、結果的に、駆け落ち相手の男の人が首を吊って自殺したのが、あの『きづげばが』の杉の木らしいと」

「ただね、お祖母ちゃんは、どうしてもその好きだった人のことが忘れられなくて、ことあるごとに『○○さん』と言って泣いてて、それを見たお祖母ちゃんの父親が『これでは嫁にやれん』ってことで、お祖母ちゃんが『○○さん』って言うたびに『きづげばが』って言い直させて、それが習慣になるまで、目の前で何回も怒鳴ったらしいのね、家からも殆ど外に出してもらえないまま……それでお祖母ちゃんは心を病んで、入院もしたんだって」

「だからね『きづげばが』ってさ、きつねのお墓って意味じゃなくて『キ××イバカ』が訛ったものなの。お祖母ちゃんは自分の父親に徹底的に虐待された結果『○○さん』って言えなくなって、それを言おうとすると『きづげばが』って、口からそうとしか出なくなったんだって」

「私にとっては当たり前のお祖母ちゃんだったんだけど、それ聞いて震えが止まらなかった。だってずっと壊れたままだったんだよ、私の前でもずっと……その時初めて知ったんだもん。お祖父ちゃんはそれを知った上で、それでもお祖母ちゃんと結婚したくて婿にまで入ったわけなんだけどさ……それですべてが丸く収まったわけじゃ全然なかったみたい」

「私の父が子供の頃にも、お祖母ちゃんが例の祠のところで錯乱して、しばらく家に帰って来なかったことがあって、どうも入院してたんじゃないかって、父は言うんだけれど、それ以降、今度はお祖父ちゃんがあの場所に注連縄張ったり、毎日塩をまいたり、祈祷師を呼んで来たりしてね、そんな風だったんだって。何があったのかは父も知らないらしくって、まぁ二人とも、正常じゃなくなってたんだね」

「でも、父や、叔父叔母が大きくなった頃には、二人とも大分落ち着いて、お祖母ちゃんが壊れてた以外は、大きなことはなにも起こってないよと。そんな話でね」

「私さ、お祖母ちゃんの若い頃にすごく似ているんだって、確かに祖父母の兄弟なんかが来ると、いつも言われてたんだ『似てる似てる』って。どうもそのせいで、お祖父ちゃんが神経質になっているようだって、父は言ってたけれどね」

「私が高校卒業して、家を離れて間もなく、お祖母ちゃんは亡くなって。それからお祖父ちゃんが認知症になってさ、私が家に行くと『○○！　この野郎！』って、その首を吊った男の人の名前を叫んで塩まいて来るの、私っていうよりも、私の背後にね」

「そういえば、お祖母ちゃんが生きてた頃に『きづげばが』って言いながら、私にしがみ付いてきてたなって、あれ、私じゃなくて、私の後ろの人に話しかけてたのかも、なんてね」

「別に、何かそういう意味での怖い思いとかしたことないし、こうやって改めて話を聞かれて、そういうこともあるのかなと、ちょっと思ったぐらい。祟られて病気になったとか、そういうことはないよ。まぁ後はそろそろ結婚したいんだけど、どうも上手くいかないってのは、これはどうなんだろうねぇ」

今から十年前、私が、まだ単なる趣味として妙な話を集めていた際の録音を聞きながら再構成した。

この話をしてくれたMちゃんは、当時二十三歳だったが三十を過ぎた今でも未婚である。婚約した相手に、二度も死なれたため、もう結婚は諦めたという。

雑木林で立っていた

U氏が、はじめてその女を見たのは、まだ幼い子供の頃のこと。
祖母に手を引かれ保育所に通う道すがら。近道としてよく通った雑木林。
小径の途中、鬱蒼とした茂みを覗いた先に、女は立っていた。
ほとんど全裸に近いような格好で、ぼんやりと、なにをするでもなく。
自分には見えているのに、祖母がその女に気付いたことは一度もなかった。
それ故、子供ながらに、あれはきっとお化けの類だ、と認識できた。
祖母と雑木林を歩くたび、U氏は必ずその姿を確認した。
女は、雨が降っても雪が降っても、いつも同じ姿で、ただ立っていた。

女の背後に、何かお墓のような石組みがあることに気付いたのは小学生の時。
当時は、ソロバン教室や書道教室などに通う際、その雑木林を通っていた。
何年経っても変わらぬ姿で、やはり女は立ち尽くしている。
うなだれもせず、かと言って堂々とした様子でもなく、ゆらゆら。

不思議と、恐怖を感じたことはなかった。
格好は幽霊と呼んで差し支えないものだったが、存在感は植物のよう。
興味に駆られ、近づいてみようと何度も試みたものの、全て失敗に終わった。
林の小径を一歩でも踏み外すと、その女はスッと見えなくなるのだ。
同級の友人たちを連れて行ってみても、誰一人女には気付かない。
あれはきっと自分だけに見える女なのだと、U氏は思った。
中学に上がると、毎日のように女を見ることができた。
学校までは規定の通学路ではなく、雑木林を通った方がやはり近道だったのだ。
思っていたより大分若いのではないか？　そう気付いたのもその頃。
目を凝らし、表情や局部を確かめようと頑張ったが、ハッキリしなかった。
登下校時、舐めるようにそれを見、劣情を催したこともあったという。
心霊写真がブームになった際には、インスタントカメラでの撮影もした。
しかしそこに写っていたのは、女の背後にある墓石のみ。
カメラでは認識できない存在なのだと知り、いわゆる心霊写真を疑問に思った。
一体どうして、あんな所に立っているのだろう、女への興味は深まるばかり。

高校では社会部に入った。
女の背後にある墓石の由来を調べようと思い立ったためである。
調査によると、どうやら墓は近隣の寺が管理しているらしい。
訊ねた寺の住職によれば、大分昔、既に途絶えた家のものであるという。
過去帳を探ってみたものの、あの女と思われる年代の人物は見当たらなかった。
一体何者なのだろう、なぜ自分にだけ見えるのだろう。
何か宿命付けられたものでもあるのかと、頻繁に雑木林に通った。
同じ場所で姿かたちも変わらず、まるで空間に照射された映像のような女。
手を尽くしたが、結局彼女の素性を暴くことはできなかった。
進学が決まり地元を離れることになった際は、心ばかりの花を手向《たむ》け別れた。

大学生になってからは日々が忙しく、数年間地元に帰れなかった。
勉強に遊びにアルバイト、そして恋愛と、やることばかりが増えた。
やがて、あの女を思い出すことすらも、なんだか気恥ずかしくなった。
他の人間には見えない以上、あれはどう考えても幻覚の類。

それを十年以上も見続けた自分自身が、妙に居たたまれなく思えた。
すっかり都会慣れし、イモ臭さもなくなった、ある日のこと。
何故かもう一度、あの女の姿を見ておきたいという気持ちになった。
それは抑えがたい衝動で、一刻も早くあの雑木林に向かわなければと焦るほど。
思い極まったU氏は、数日後に帰郷を決意し、着いた足で雑木林へ向かう。
しかしその場所で、彼は立ち止まったまま動けなくなった。
女の姿がどこにもない、それどころか雑木林そのものが無くなっていた。
目の前には、重機に蹂躙された工事現場があるのみ。
既に例の墓石も取り除かれ、女の立っていた場所がどこであったのかもわからぬ有様。
考えてみればおかしかった、あまりにも突然、降って湧いたようなあの衝動。
どこかで、繋がっていたのかも知れない。
だからこそ、その身の危機をああいう形で自分に伝えたのではないか？
そうであれば、やはり、あの女は確かにそこに居たのだ。
幻覚でも妄想でもなく、きっと何か運命的な理由で……。

以上を語り終えた後でU氏は言った。

「月並みだけど、失って初めて気付くものって、あるんだよね、やっぱり」

穴

繁盛していない、小さな飲み屋のカウンター。

皿に残った醤油《しょうゆ》を箸先に付けて舐めながら焼酎を飲んでいると、いつの間にか私の二つ隣に座った男が、店の主人に何か話しかけているのが聞こえる。

「膝《ひざ》がさぁ、カクッと落ちるのよ、歩いでると」

主人は煙草をふかしながら、無愛想な顔でこちらにチラチラと視線をよこす。

一見の性質の悪そうな客が来ると、そうやってからかい半分に話を聞き、場に流れる妙な空気を楽しむという悪趣味を好む人だった。

私はその店の常連であったので、また主人の悪い癖が始まったとニヤニヤしつつ、箸を舐《ねぶ》っていた。

「今までこんなごどながったんだげどなぁ。この町に来てがらだよ、突然カクンってなるの、力が抜けだように」

だからどうしたと言わんばかりの表情で適当な相槌を打ちながら、主人は私に向けて顎《あご》をしゃくるような動作をした。

〝何か話しかけてみろ〟という合図である。

「病院には行ったんですか?」

突然話しかけた私に、一瞬驚いたような顔を向ける中年の男。

すると彼は一気に席を詰め、私の隣でまくしたてた。

「行った、行ったのよ。そしたら働きすぎじゃないですかって、もう少し様子見ろって、湿布だけ出されでよ」

いかにもの不満顔だ。

男は某県で農業をしており、農繁期が過ぎると出稼ぎの土木作業員として地方を転々としているのだと語った。

「力仕事なのに大変でしょう? そんなに膝が痛ければ」

「いや、痛ぐはないの。別に痛みはないんだけど、歩いでいると時々カクッと膝から下の力が抜けちゃう。医者はあんまり症状が続くようなら腰の精密検査をしましょうって言うんだげどよ。何だっけMR? とかいうので、腰の。おがしいのは膝だっつのに」

話の途中で尿意を催し、席を立った瞬間、椅子の脚に躓《つまず》いてたたらを踏んだ私を指差して「こんな若い者だってこの通りなんだがら、我々のような齢の者が体のガタ言ったってしょうねえすぺ」と主人が笑った。

笑い声を聞きつつ離れにある便所へ向かい、戻ってくると既に男の姿はなかった。

数日後、再び店の暖簾《のれん》をくぐると、例の男がカウンターに座っていた。

挨拶をしたところ「やっぱ港町だわ、魚が美味《うま》いね」とカツオの刺身を指差す。

頷きつつ、いつもの焼酎を注文した私に、お通しをつき出した主人が「頭の検査受げるつってんのよ」と半笑いで話しかけてきた。

「頭？　膝じゃなくて？」訊ねると男は妙な顔つきで話し始めた。

「昨日のごどなんだけどよ、事務所で休憩中に足伸ばしたぐなってな、事務用の足が付いでる椅子を何個か並べで、その上に長座になってたのよ。んで、何の気なしにウトウトしてだら、他のヤツが来て『何やってんですか？』って言うの。ああこりゃナンボ土木の現場とはいえ無調法だったなと思って足を戻そうとしたら、そもそも足が乗ってなかったのよ、椅子に」

話の内容をつかめず、一瞬ポカンとした私に主人が言う。

「椅子並べで、その上に足乗せて休ませだりするべ？」

「ああ、ハイハイ」

「そうやって休んでだつもりが、実際は足を乗せてねがったんだど。他の人間がら見だら、ただ椅子に座って寝でんのに、なんでその前にわざわざ椅子並べでんだ？　ってなるべ？」

「あー？　はい……」

そうそうという風に頷く男が、さらに続ける。

「しかも膝が内股になるみでぇに真ん中向いでよ、だれも好き好んでそんな体勢取らねえべっつう具合だったもんだから、びっくりしたみてえで」

男は自分でもその状況に驚き、膝が悪いためではなく、脳の機能がどこかおかしいためにそんな事になったのではないかと思い至り、頭の検査を受けようか悩んでいるとのこと。

確かにそうであれば、膝の力が抜けるという話との辻褄も合うような気がする。

「まったく、とんだごどになったなぁ」

そう言うとションボリした様子で帰り支度を始めた。

——その時。

「うわっ」

レジの前で、男が小さな悲鳴を上げた。

どうしたんだと我々が話しかけると、青い顔で「また膝がカクッとなったわ」と言い、無言で会計を済ませ店を出て行った。


「なあ？」

店の主人が何か言いたげにこちらを見ている。

今の光景の違和感を、私も思わず口に出す。

「カクッとなってました？　あの人」

「だがらよ、ただ突っ立ってだよな？　膝落ちるつったらもっとこう……」

我々には男が普通に立ったままの姿勢で悲鳴を上げたようにしか見えなかった。

かと言って狂言をしているような様子でもなく……。

「ホントにこれがもな」

そう言うと主人は自分の頭を人差し指でつついて見せた。


それからまた数日後。

店で「あいづどうなったべ」などと話していると噂の男が来た。

その挙動不審な様子から、私と主人は最悪の結果を予感し顔を見合わせた。

「地元に帰りますわ」

カウンターに座るなり聞こえてきたその言葉に、予感が当たった事を直感した我々は言葉もなく煙草をふかした。

「わかったのよ、俺、わかった」

わかった？　何が？　病名？

逡巡する思考に言葉が追いつかず、黙って煙を吐き出しながら男の様子を見ると、まるで乾燥しきった枯れ木のような印象がそこにあった。

「大病だったのすか？」

主人が言葉少なに問いかける。

すると印象とは裏腹に男の口調が熱を帯び始めた。

「膝が落ちるって言ってだでしょう？　カクンと落ちるって……あれ、違ってだんですわ。落ちるつっても膝が悪くて力が入らねぇんじゃなくて、本当に文字通り『落ちて』だんです。この前、腰まで落ちました。これまでは膝のところまでだったのが、腰まで落ちで気付いだのよ」

男の弁をまとめると、つまり、体がどうにかなっていたわけではなく、いわゆる〝幽体〟的なものが〝落ちて〟いたという事のようだ。

「穴だよ、穴。そこらじゅうに開いでるようです」

これもつまり〝霊的〟な穴なのだという。

「腹の辺りって敏感なのかね、膝下が軽く落ちでだだけだと気付がなかった。あれ、頭まで落ちでだら俺死んでたなぁ……あんたがたに言うのは気が引けるげど、俺はもうこんな、何が起ごんのがわがんねぇおっかねえ町にいられねぇ……地元さ帰りますわ」

これまでは〝幽体の膝下〟のみが落ちていたのが、今回は〝腰まで〟落ちた。

それが非常に恐ろしい体験だったようだ。

「もう、膝から下はもってかれたかも知んねえけんども……おがしいどは思ってだんだ、毎回毎回同じ場所で膝が落ちるんだもの。アパートの階段だの、あそごのスーパーの入り口だの……」

独り言のようになってきた男の喋りを聞きながら、主人は例の顔でチラチラと私を見てくる。私は主人を意識しつつも、降って湧いたような好みの話を前にメモを走らす。

男が話の合間にビールを注いでくれた。

あたかも「俺はマトモだよ」と言わんばかりに。

「ああ、そういえばそごでも」

男は帰り際、先日自分が悲鳴を上げた場所を見やってから慎重に足でなぞるようにしたあとで「大人一人ぐらいの大きさだね」と呟き——

——くれぐれも、気を付けで下さい。

そう言って頭を下げ、店を後にした。

「薄気味悪《わり》ぃごと言いやがって、何なんだ」

主人は店先に塩を撒くと、少し立ち止まってから例の〝穴〟があると言われた場所にも同じように塩を撒いた。

石油ストーブの上に置かれたヤカンから白い蒸気が上がり温かい店内。

主人は「サービス」と言って芋の煮たのを出してくれ「おめえ、あんなくだらねえ話メモってんじゃねえよ」と笑った。

二〇一一年二月の出来事である。

店も、主人の笑顔も、今はもうない。

彼女の良い場所

看護師のTさんは二十代の女性。

思えば幼い頃から、自分は間の抜けた人間だったと語り始めた。

「小学校の遠足で高原に行った時に、原っぱのところにコロコロとした丸い石が沢山落ちていたので『あぁ可愛い石だな』と、何個か拾って持って帰ったら、それ、乾燥した鹿のフンだったんです」

それ以来、中学までの間「鹿糞」というあだ名で呼ばれ続けた。

「そういう経験が沢山あって、それで……」


彼女が最初に勤めたのは、百床規模の小さな個人病院。

「診察室に手洗い用のマスキン液を用意するような、時代遅れの病院でした」

ただ、彼女にとっては実に勤めやすい、肌にあった職場でもあった。

「年かさの人たちばかりが勤めていたので、皆やさしかったんですよ」

同僚たちは、まるで自分の娘のように彼女を可愛がった。

ある夜勤の日、ナースステーションで先輩たちの話に付き合っていると、いつの間にか怪談話が始まった。

様々な病院を渡り歩いてきたベテランナースたちが次々に自分の持ちネタを披露する中、何の驚きも示さずに素直にそれを聞き続けるTさん。

先輩にしてみれば、ひよっこナースを怖がらせて面白がろうという魂胆だったのだろうが、間が抜けているせいか、Tさんは話を聞いてもピンと来ない。

「幽霊なんか見たことなかったんで、怖がりようがないんです」

その淡泊な反応を見て、先輩たちはちょっと話の方向を変えた。

——この病院で、不気味な場所ってある？

そんな質問を投げられたのだという。

「それで、私、不気味な場所は特になかったので、ちょっと気になるっていうか、逆になぜか気持ちがアガる場所ならありますよって言ったんですね」

旧病棟の三階と四階を繋ぐ廊下、そして新病棟の非常階段の踊り場。

彼女がその二か所を挙げると、先輩たちは顔色を変え、静まり返った。

「あまりにも急に盛り下がったので、私、何か悪いこと言っちゃったのかなって」

狼狽し始めたTさんに、先輩の一人が言う。

——誰かから聞いた？

何を？　と更に戸惑っている間にナースコールが入り、途切れる会話。

「これは後で別な先輩が教えてくれたんですけど、私が挙げた二か所って、以前、入院していた患者さんが自殺してしまったところだったみたいで……病院の歴史のなかでその二件だけなんですって、自殺があったのは」

一か所ならまだしも、ピンポイントで二か所。

しかもそれを「気分がアガる場所」として発表してしまったわけであるから、先輩たちが顔色を変えるのもわかる。ただ、話が広まらないように緘口令《かんこうれい》まで出ていたというその話を、もちろん彼女が知っていたわけではない。

「私、昔からそういう気になる場所、なぜか気分が良くなる場所があるんです。雰囲気がピンク色で、ミーミーって子猫が鳴く音が地面から聞こえるような、甘ったるい場所ってあるんですよ」

それが、例の二か所だったのだと、彼女は言う。

「なのでそれを発表しただけなんです、別にその病院に限った話ではなくて、通っていた女子高にもありましたし、街を歩いていてもところどころにあるんで、ほんとに悪気はなかったっていうか……」

　過去そういうことがあったというだけで、知らない人が見れば何の変哲もない階段と踊り場である、そんな場所をわざわざ選び、あまつさえ屈託なく述べてしまった彼女は、どうやらその人間性に不信感を持たれてしまったようだ。

　その場に居た先輩たちは、Tさんが自殺があったことを知っていて、悪ふざけのように語ったのだと捉えてしまったらしい。

「以来、なんとなく居心地が悪くなっちゃって。一年は頑張ったんですけど、結局その病院は退職しました」

　辞めた理由は、もう一つあった。

「その時に私が住んでいたアパート、選ぶ際の決め手になったのが、さっき言ったピンク色の雰囲気で気持ちが良かったからなんです、で、ある日、ハッと気づいたんですよね、病院での話は偶然とかじゃなくて、私がそれまで良いと思っていた場所って、あるいは全部、自殺があった場所だったのでは？　と」

　その部屋で幽霊を見たり、何か嫌なことがあったわけではない。

「これまで、駅のホームや踏切なんかに魅かれる場所が多かったなって。その時はじめてそれらを紐づけできたんですよね、雷に打たれたように」

流石に気持ち悪くなったのかと問うと、それは違うと言う。

「私、その部屋に当たり前の家賃を払って暮らしていたんです。でも、もし私の考えが正しいのなら、いわゆる事故物件って、値段も安くて気分もアガって最高ってことになるじゃないですか？　だから早くそういう物件に引っ越したくなったんです。ホントもっと早く気付いていれば良かったのに……間抜けなんですよね」

Tさんは今、条件の割に格安な賃貸マンションに暮らしている。

特に、風呂に入る際は最高に気分が良いのだと笑った。

翳るもの

　Ｅ氏が大学生三年生の頃、お盆時期のこと。

　帰省中だった彼は両親と共に、既に空き家になっていた母方の実家へ向かった。

「仏壇開いて、迎え火を焚いたりするから、今日は泊りがけになるよって」

　どうせ掃除など手伝わされるのだろうと気は進まなかったものの、両親の強い要請もあって彼はしぶしぶそれに従った。

「住んでいた祖父さんと祖母さんが相次いで死んだのは俺が中学の頃。それ以降は誰も住んでいなかった。高校時代は一度も行った記憶がないから、六年ぶりとかそんぐらいだったと思う」

　母方の実家は、古く大きな木造家屋。

「天井が高くて土間もある、昔の農家のソレでね」

　黒ずんだ大きな柱、煤《すす》けた太い梁《はり》、足を踏み外せば転がり落ちそうな急階段。

「なんせ広いもんで薄暗い場所も多くて、そのせいか家全体に妙な迫力があるんだよ。ザワつくっていうか、ソワソワして落ち着かないんだ」

家の造り一つ一つが、何やら自分を威嚇してくるようであったと彼は言う。

「極めつけは仏間の遺影ね、鴨居にズラッと並んでて。会ったこともないご先祖様たちの写真が見下ろしてくるの」

そのため子供の頃は、母方の実家に行くのが憂鬱だった。

「祖父さん祖母さんは俺が行くと喜んでくれたけど、長居したくねぇなあって思いながらいつもビクビクしてたよ、おっかなくて」

しかし最早、暗がりを怖がる歳ではない、掃除を手伝う面倒くささはあっても、子供の頃のような憂鬱な気持ちは湧いてこなかった、が。

「ついてみたらさ、やっぱなんか怖いんだよな」

久しぶりだからだろうか？　どうにも気持ちが落ち着かない。

雨戸を開け陽の光を室内に入れてからも、彼の気持ちはソワソワしたまま。

「なんでこんなに居心地悪いんだろうなと」

近所の川のせせらぎが聞こえる、緑に囲まれた真夏の古民家。

苦手意識の根っこを探るようにウロウロしてみたが、なんとなく嫌な感じがするばかりで、核心的な何かを掴むことはできなかった。

掃除機をかけ、風呂を洗い、布団を干し、泊まるに十分なだけの準備を終えると、両親は仏間に置いてある観音開きの大きな仏壇を開け、線香を立てた。

手を合わせている最中、E氏の頭を昔の記憶がよぎる。

「ああ、そう言えばこの仏壇って、食べ物を供えちゃダメだったよなって」

子供の頃、祖父母に何度もそんなことを言われていた。

見れば、お盆だというのに仏壇に供えられているのは生花のみ。

「それで、母ちゃんに訊いてみたんだよね、なんで？　って」

すると母親は「あれ？　知らなかったっけ？」と言い、台所から自分たちが食べるために買ってきたリンゴを一つ持ってくると、仏壇に置いた。

「後で見てみるといいよ」

そう言って、仏間を後にする。

――アレ？　供えてもいいの？

疑問に思い、勿体付けずに教えてくれと母に言ってみたが「いいから、後で見てみなさい」と譲らない。

何のことやらわからないまま、首を捻りつつダラダラと時間を潰したE氏は、ひぐらしが鳴き始めた夕方、仏間のリンゴが妙なことになっているのに気付いた。

「ところどころまだらに削り取られてた。齧ったような跡が何か所もついてて」

大声で台所の母親を呼びよせると「あら、早いね、まだ迎え火も焚いてないのに」などと言う。どういうこと？　問うたE氏に母親は「齧る人がいるんだよね」と言って、ずらりと並ぶ遺影に目を向けた。

「そんで『良い死に方した人ばかりじゃないから』って言うわけ」

まるで遺影の中の誰かがやったとでも言うような素振りに、E氏は一瞬動揺したが、どうせネズミか何かの仕業だろうと思い直し、冗談は止めるよう母親に言った。

すると母親は仏壇に手を伸ばして、中に安置されていた金属製の観音像を取り出すと、それの背中をE氏に見せた。

「齧られたような歯形が沢山あって、えぐれているんだ、背中」

木製のものならまだしも、金属製のそれを齧り取るネズミなどいない。

息を飲んだE氏は、黙って母親の顔を見た。

母親はE氏を見つめ返し何度か頷くと「お父さんも最初は今のアンタみたいな感じだったよ」と笑った。

観音像は放っておくと、そのうち食い破られるように腹側に穴が開くため、頃合いを見計らって数年ごとに交換しているとのことだった。

母親によれば、仏壇の中の位牌や仏壇そのものを齧られることはないため、身内の犯行なのではないか？　との推測から、この家ではずっと、ご先祖様がそれを行っていると考えられてきたらしい。

「それで納得してるんだから、それはそれで怖いよね、うちの母。だってホントのとこなんてわかんないじゃない？　百歩譲って供物を多少齧るぐらいならまだしも、なんで死んだ人が観音様を背中から食い破るようなマネすんだよ」

それが先祖のやることなのだとしても、普通ではない。

あるいは、何か手の施しようのない存在がそんなことをしているのでは？

「そんで庭先に居た親父にどう思うのか聞いてみたら『まぁ古い家だからなあ』って、のんびり言うわけ、もっともそこまでの唐変木だからこそ、そんな家の娘と結婚したんだろうなとは思ったけどね」

その晩、両親は仏間に面した床の間で眠ったが、E氏だけは居間に布団を敷いた。できるだけ仏壇から離れた場所で眠りたかったのだ。

夜半過ぎ、E氏は布団の中で目を覚ました。

「ああ、そうだった、この家ではずっとこうだったたって、思い出して……」

自分の足を、何者かが甘噛みしている、そんな感触。

すっかり記憶の底に封印されてしまっていたが、確かに覚えのあるそれは、まるでE氏の存在を確認でもするかのように、何度も何度も執拗に繰り返された。

「ああ、だから俺はこの家が怖かったんだって、あの頃、嫌だ嫌だと泣いて騒いで……なのに祖父母も両親も『大丈夫大丈夫』って……」

この家に泊まるのは小学校以来のこと、自身の最悪な体験を、なぜか忘却してしまっていた迂闊さを、布団の中で猛烈に後悔した。

体は、金縛り状態で動けない、今自分に起こっている出来事と、過去に自分が体験した出来事を思い出したショックとで、E氏は失禁するまで追い込まれた。

「そんで、過呼吸の発作みたいな状態になって、体が痺れてきて、どっかの段階で気を失うように眠ったんだと思う、気付いたら朝だった」

自分の尿によって、じっとりと濡れた布団が、昨夜の体験を物語っていた。

着替えて風呂に入り、朝食の支度をしていた母親に詰め寄ると「だって、アンタに言ったら絶対に帰るって言ったでしょ?」と、悪気もなく言い放った。両親はE氏が子供の頃の出来事を忘れているようだと察して、それを黙っていたのだ。

「俺だけじゃなく、うちの両親も同じ体験をしていたんだ。母ちゃんなんかは子供のころから慣れっこだったし、親父は馬鹿だしで、二人とも俺のように怖がったりはしないから現象を軽く見てた。でもこれはどう考えても俺の反応が正しかったと思うよ」

亡くなった祖父母も「ご先祖様のすることだから、」と、幼いE氏を言いくるめていた。

「『別に怪我したり死んだりするわけじゃないんだから』って、そんな調子でね。そういう家に生まれ育った人間の感覚で語るわけ。それが異常であるってことを芯からは理解してない、彼らにとっては単なる日常に過ぎないんだ」

その「齧るもの」の正体については、一切が不明であるという。

「ご先祖様だって理解して、それで済ませてる。今思えば、俺は子供の頃、そういうズレた感覚の祖父母や両親こそを怖がっていたような気もするな……そんなのが自分の親なんだから、その出来事自体を無理矢理にでも忘れ去らないと、やってられなかったんだろうね」

普段は、父親も母親も一般的で当たり前な、平凡な人間であるとのこと。

その夏の日から現在まで、更に二十年が過ぎている。

家は、もう跡形もない。

「数年前に近くの川が氾濫して、土台ごと流されちゃった。仏壇や位牌も含めて全部ね、まぁ、あの家には相応しい最後だったと思うよ」

あの日以降、E氏は母方の実家を一度も訪れなかった。

今では両親とも疎遠になっているそうだ。

初出一覧

なんなんですかね	書き下ろし
滑り台にて	ＦＫＢ怪幽録　奇の穴
飛ばす能力	ＦＫＢ怪幽録　奇の穴
保育所にて	ＦＫＢ怪幽録　奇の穴
御祀り	ＦＫＢ怪幽録　奇の穴
汚布	怪談実話ＦＫＢ饗宴5
ポックリ逝きたい	ＦＫＢ怪幽録　呪の穴
排水口の声	ＦＫＢ怪幽録　呪の穴
なんらかの影響	ＦＫＢ怪幽録　呪の穴
雨を集めた日	ＦＫＢ怪幽録　呪の穴
図書館で子供	実話コレクション　厭怪談
時代は変わって	実話コレクション　厭怪談
自殺意志	実話コレクション　厭怪談
在宅介護	実話コレクション　厭怪談
大丈夫っす	実話コレクション　呪怪談
落下と思春期	実話コレクション　呪怪談
良い方の娘	実話コレクション　呪怪談
お墓がある	実話コレクション　呪怪談
その日の朝	実話コレクション　呪怪談
桃の匂い	実話コレクション　呪怪談
幽霊だったたって事に	実話コレクション　忌怪談
隠れさして下さい	実話コレクション　忌怪談
家族の都合？	実話コレクション　忌怪談
魚と猿の魚	実話コレクション　忌怪談
因果の行方	実話コレクション　忌怪談
なんらかの罠	実話コレクション　邪怪談
ループ	実話コレクション　邪怪談
十八年目の亀	実話コレクション　邪怪談
虚無の予感	実話コレクション　邪怪談
偶然と責任	実話コレクション　邪怪談
名水の成分	実話コレクション　憑怪談
金縛りに関して	実話コレクション　憑怪談
二分の一自殺成功	実話コレクション　憑怪談
脱衣場にて	実話コレクション　憑怪談
きづげばが	実話コレクション　憑怪談
雑木林で立っていた	書き下ろし
穴	ＦＫＢ怪幽録　奇の穴
彼女の良い場所	書き下ろし
翳るもの	書き下ろし

小田イ輔 実話怪談自選集
魔穴

2020年1月3日　初版第1刷発行

著者　小田イ輔
企画・編集　中西如（Studio DARA）
発行人　後藤明信
発行所　株式会社 竹書房
〒102-0072 東京都千代田区飯田橋2-7-3
電話03（3264）1576（代表）
電話03（3234）6208（編集）
http://www.takeshobo.co.jp
印刷所　中央精版印刷株式会社

定価はカバーに表示しています。
落丁・乱丁本の場合は竹書房までお問い合わせください。

ISBN978-4-8019-2127-6 C0193